위 QR코드를 촬영하면 원어민 음성파일 다운로드 페이지로 이동합니다.

아래 QR코드를 촬영하면 책 내용을 저자가 직접 해설하는 유튜브 동영상으로 이동합니다.

김대리의 영어일기 2026

개정판 1쇄 인쇄 2026년 1월 2일
개정판 1쇄 발행 2026년 1월 2일

지은이 | 장승진, 프랙티쿠스 연구팀
그림 | 최정을
펴낸이 | 장승진
펴낸곳 | ㈜프랙티쿠스

주소 | 서울시 서초구 잠원동 15-10 라성빌딩 4층
전화 | 02)6203-7774 팩스 | 02)6008-7779
홈페이지 | www.practicus.co.kr
이메일 | help@practicus.co.kr
출판신고 | 2010년 7월 21일 제 2010-47호

ISBN 978-89-6893-050-8

값 16,800 원

★★ 전면 개정판 ★★

김대리의 영어 일기

우리 일상과 직장생활에 관한 솔직한 이야기

"이보다 실용적인 영어는 찾기 힘듭니다"

- 독자의 리뷰

프랙티쿠스

머리말

『김대리의 영어일기』 전면 개정판을 출간합니다. 저희 프랙티쿠스가 운영하는 팟캐스트에서 다뤘던 내용을 전자책과 종이책으로 출간하여 많은 분들께 사랑을 받았었죠. 10년 넘는 시간이 훌쩍 지난 터라, 영어일기라는 형식은 유지하되, 책 내용 전체를 다시 집필하여 출간합니다.

인공지능 시대가 되었어도, 직장인이 영어를 잘해야 한다는 사실은 변하지 않았습니다. 오히려 앞으로 더 높은 수준의 능력이 요구될 거라고 생각합니다. 그러한 기대에 맞추려면 어떻게 해야 할까요? 결국 "이 우리말을 영어로 어떻게 표현할까?"라는 의문을 항상 지니고 영어 표현들을 익히는 수밖에 없습니다. 내 일상과 솔직한 생각부터 영어로 표현해 본다면, 그런 과정이 더 수월해질 거라 생각합니다.

이번 개정판도 직장인의 솔직한 이야기를 통해 다양한 영어 표현을 입에 붙이는 것을 목표로 합니다. 제가 책과 블로그, 유튜브 방송을 통해 누차 강조드립니다만, 영어 학습은 결국 '표현 외우기'입니다. 표현을 외우지 않고 영어가 늘 수는 없습니다. 어떻게 더 흥미롭게 효율적으로 외우느냐가 관건이지요.

뒤이어 출간될 『여성 김대리의 영어일기 개정판』에도 많은 관심 부탁드리고, 새로운 시리즈를 통해 영어 공부를 흥미롭게 이어나가 보시길 바랍니다.

장승진

이 책의
구성

한글 일기

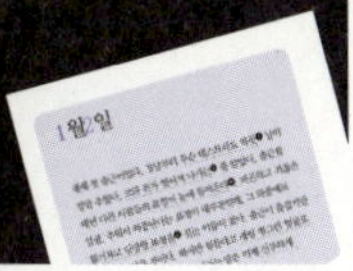

주인공 김대리의 생각을 가장 잘 반영한 자연스러운 일기를 소개하려 노력했습니다. 일기라는 형식을 취하고 있지만 문장이 짧고 유용한 표현이 많으니, 영어 회화를 위한 자료로 활용하기에도 충분하리라 생각합니다.

영어 일기

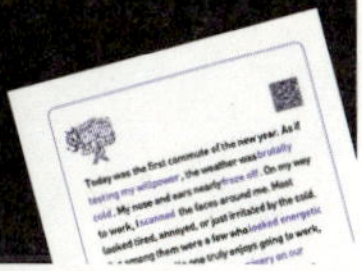

우리말을 최대한 자연스러운 영어로 옮겼습니다. 일대일로 직역한 문장이 아니기 때문에 생략되고 추가된 내용도 있지만, 우리 생각과 감정을 영어로 말할 때 필요한 좋은 영어 표현은 고스란히 담고 있습니다.

설명

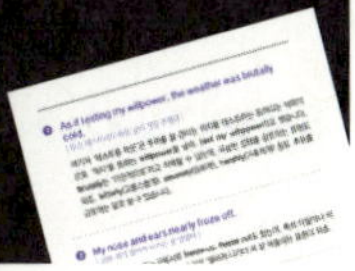

하루 일기에서 10개 안팎의 표현을 골라 설명합니다. 실제 쓰임이 많은 표현들을 정확히 이해하는 데 중점을 두었으며, 같은 생각을 달리 다양하게 표현하는 방법도 알려드립니다.

내 실력 점검하기

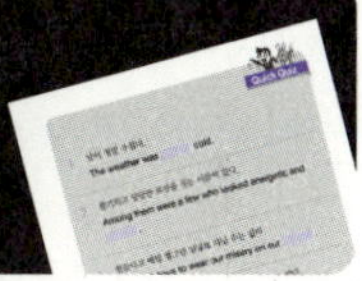

매 일기가 끝날 때마다 핵심 표현을 잘 이해했는지 테스트해 볼 수 있도록 꾸몄습니다. 간단한 빈칸 채우기 문제로 구성되어 있습니다.

목차

목차

7, 8, 9월의 일기

10~12월의 일기

1~3월의 일기

1월2일

새해 첫 출근이었다. 첫날부터 무슨 테스트라도 하듯❶ 날이 정말 추웠다. 코와 귀가 떨어져 나가는❷ 줄 알았다. 출근할 때면 다른 사람들의 표정이 눈에 들어온다❸. 피곤하고 귀찮은 얼굴, 추워서 짜증난다는 표정이 대부분인데, 그 와중에도 활기차고 당당한 표정을❹ 짓는 이들이 있다. 출근이 즐겁기만 한 사람은 없을 것이다. 하지만 힘들다고 매일 찡그린 얼굴로 다닐 수는 없다❺. 긍정의 힘이라는 말은 이제 진부하게 느껴지지만❻, 결국 버티게 해주는 건 긍정적인 마음가짐이라고 생각한다. 아침 출근길의 모습이 어쩌면 그 사람의 인생을 보여줄 수도 있다❼. 오늘 출근길의 당당한 그 사람처럼, 나도 남들에게 좋은 인상을 주는 사람이❽ 될 거다.

Today was the first commute of the new year. As if **testing my willpower**, the weather was **brutally cold**. My nose and ears nearly **froze off**. On my way to work, I **scanned** the faces around me. Most looked tired, annoyed, or just irritated by the cold. But among them were a few who **looked energetic and confident**. No one truly enjoys going to work, but we don't have to **wear our misery on our sleeves**. The phrase "power of positivity" may **sound cliché**, but I believe it's that positive mindset that keeps us going. In a way, **how we carry ourselves** on our morning commute **reflects how we live our life**. Like the person I saw today who walked with quiet confidence, this year, I want to be someone who **leaves a positive impression on others**.

❶ As if testing my willpower, the weather was brutally cold.

| 무슨 테스트라도 하듯 날이 정말 추웠다 |

여기서 '테스트를 하듯'은 추위를 잘 견디는 의지를 테스트하는 듯하다는 의미이므로 '의지'를 뜻하는 willpower를 넣어. test my willpower라고 했습니다. brutally는 '야만적으로'라고 직역할 수 있는데, 극심한 상태를 강조하는 표현도 되죠. bitterly(고통스럽게), severely(심하게), harshly(가혹하게) 등도 추위를 강조하는 말로 쓸 수 있습니다.

❷ My nose and ears nearly froze off.

| 코와 귀가 떨어져 나가는 줄 알았다 |

freeze를 강조하는 구동사로 freeze up, freeze out도 있는데, 특히 이탈이나 박탈을 의미하는 off를 넣으면 우리말 '떨어져 나가다'와 잘 어울리는 표현이 되죠.

❸ I scanned the faces around me.

| 다른 사람들의 표정이 눈에 들어온다 |

'스캔하다'라는 외래어로도 쓰이는 scan은 살펴보거나 빨리 훑어본다는 뜻입니다. 여기서는 주변 사람들의 표정을 빨리 살펴보았다는 뜻으로 활용했죠.

❹ Among them were a few who looked energetic and confident.

| 활기차고 당당한 표정을 짓는 이들이 있다 |

confident는 확신을 지닌다는 뜻인데, 당당한 태도를 묘사하는 단어로도 적절합니다. 스스로 자신감이 있다는 뜻인 self-assured, 결의와 확신에 차 있다는 뜻인 determined도 대신 활용할 수 있는 표현들이죠.

❺ We don't have to wear our misery on our sleeves.
| 힘들다고 매일 찡그린 얼굴로 다닐 수는 없다 |

얼굴을 찡그린다는 뜻을 지닌 동사는 frown입니다. frown을 활용해 직역한다면, You can't walk around frowning every day just because life is hard.처럼 말할 수 있죠. 그렇게 표현해도 좋지만, 여기서는 wear one's heart on one's sleeves라는 표현을 변형해 활용했습니다. 옷 소매(sleeve)에 뭔가를 매달고 다닌다면 모든 사람이 볼 수 있겠죠. 우리말에는 이런 표현이 없으나, 속마음을 모두가 알 수 있게 드러낸다고 할 때 영어로는 '마음을 소매에 걸친다 (wear one's heart on one's sleeves)'라고 표현합니다. 여기서는 heart 대신 misery, 즉 비참함을 드러내 놓고 보여준다고 표현한 거죠.

❻ The phrase "power of positivity" may sound cliche.
| 긍정의 힘이라는 말은 이제 진부하게 느껴진다 |

'클리셰'라는 외래어로도 익숙한 cliche는 뻔하고 진부한 것을 가리킵니다. 원래 명사인데 형용사처럼 쓰이기도 하므로 look cliche, sound cliche라고 하면, 진부해 보이거나 진부하게 들린다는 말이 되죠. .

❼ In a way, how we carry ourselves on our morning commute reflects how we live our life.
| 출근길의 모습이 어쩌면 그 사람의 인생을 보여줄 수도 있다 |

carry oneself는 말 그대로 스스로를 '데리고 다니는' 것을 말하죠. 즉 타인에게 스스로가 어떻게 비치게 만드는지를 일컫는 표현입니다. '모습'이라는 명사를 how we carry ourselves로 표현한 것입니다. 달리 present oneself처럼 말해도 되죠. 그리고 reflect는 '반영하다'라는 뜻이죠. '~을 보여준다'라고 할 때 활용하면 됩니다.

8 I want to be someone who leaves a positive impression on others.

| 남들에게 좋은 인상을 주는 사람이 될 거다 |

'인상'이 impression이므로, '좋은 인상을 남기다'는 leave a good/positive impression이라고 표현할 수 있습니다. 좋은 영향을 미치는 사람을 말할 수도 있으므로 have a positive impact라고 해도 좋고, 더 쉽게 person who makes others feel good이라고 해도 '만나면 기분이 좋아지는 사람' 곧 '좋은 인상을 주는 사람'이 되죠.

Quick Quiz

1 날이 정말 추웠다.

The weather was _____ cold.

2 활기차고 당당한 표정을 짓는 이들이 있다.

Among them were a few who looked energetic and _____.

3 힘들다고 매일 찡그린 얼굴로 다닐 수는 없다.

We don't have to wear our misery on our _____.

4 출근길의 모습이 그 사람의 인생을 보여줄 수도 있다.

How we _____ ourselves on our morning commute reflects how we live our life.

5 남들에게 좋은 인상을 주는 사람이 될 거다.

I want to be someone who leaves a positive _____ on others.

답 **1.** brutally **2.** confident **3.** sleeves **4.** carry **5.** impression

1월6일

직장인의 새해 결심에는 역시 헬스 끊고 운동하기가 빠지지 않는다❶. 남들 따라하는 삶을 살지 않겠다고 늘 다짐하지만❷, 결국 나도 등록했다. 요즘은 하루라도 운동을 빠지면 이상하다는❸, 거의 운동에 중독된 사람들도 많지만, 나는 그 정도는 아니다. 그냥 건강을 위해 하는 거고, 몸이 좋아지면 옷 태도 달라질테니❹, 그것도 나쁘지 않다❺. 또 누가 아나, 헬스장에서 썸녀라도 만날지❻. 물론 그런 흑심 품고 오는 사람들 많다는❼ 것 안다. 나는 그런 부류가 아니라는 점을 보여주려고 운동에 전념하지만, 시선이 가는 건 어쩔 수 없다❽. 특히 러닝머신 옆자리에 여자가 있으면❾, 앞만 보고 뛰는 척하지만 이미 곁눈질로 스캔은 다 끝낸다❿. 뭐 여러 동기로 꾸준히 운동만 한다면 나쁘지 않다고 생각한다. 열심히 해서 올 연말에는 달라진 외모를 보여줘야겠다⓫.

For working professionals, **no New Year's resolution list is complete without** "working out at the gym." I always tell myself I won't just **follow the crowd**, but in the end, I signed up, too. These days, some people are practically addicted to working out and say **they feel off if they skip even a single day**. That's not me. I just want to stay healthy, and **if my physique improves and clothes fit better, that's a nice bonus**. And hey, who knows? Maybe I'll even **meet someone special** at the gym. I know there are many who go **with such ulterior motive**. I try to show I'm not one of them by focusing on my workout, but I can't help **glancing around**. Especially when a woman **hops on the treadmill** next to me, I pretend to stare straight ahead, but **my peripheral vision does all the work**. I think having a little extra motivation isn't all that bad, as long as I keep showing up and sweat. I'm determined to **show a transformed version of myself** by the end of the year.

❶ No New Year's resolution list is complete without "working out at the gym."

| 새해 결심에는 헬스 끊고 운동하기가 빠지지 않는다 |

이 문장을 직역하면 '헬스장에서 운동하기를 빼고 어떤 새해 결심도 완전하지 않다'가 됩니다. No ~ is complete without ~.라는 문형을 활용해 완전해지려면 반드시 무엇이 있어야 하는지를 표현하고 있죠. 예를 들어 No meal is complete without Kimchi.라고 하면 '꼭 김치가 있어야 밥을 먹어'라는 말이 됩니다. '새해 결심'은 New Year's resolution이고, '운동하다'는 work out, '헬스장'은 체육관을 의미하는 gymnasium의 준말인 gym이라고 합니다.

❷ I always tell myself I won't just follow the crowd.

| 남들 따라하는 삶을 살지 않겠다고 늘 다짐한다 |

'다짐하다'는 결국 자신에게 말한다는 뜻이므로 tell myself라고 할 수 있습니다. remind myself(상기하다), say to myself(말하다), convince myself(설득하다), promise myself(약속하다) 모두 같은 의미로 활용할 수 있죠. follow the crowd는 '대중을 따르다'라고 직역할 수 있으므로, '남들이 하는 대로 따라하다', '대세를 따르다'라는 뜻입니다.

❸ Some say they feel off if they skip even a single day.

| 하루라도 운동을 빠지면 이상하다는 사람들도 있다 |

'컨디션이 좋지 않다', '뭔가 이상하다'는 정상에서 벗어난 상태를 일컫는 off만으로 간결하게 표현할 수 있습니다. 평소 루틴에서 벗어나(off) 몸이나 마음이 불편해지는 상태를 나타내죠. 예를 들어 I feel off whenever I miss my morning coffee.라고 하면, '아침에 커피를 마시지 않으면 이상해'라는 뜻이죠.

❹ if my physique improves and clothes fit better

| 몸이 좋아지고 옷 태도 달라지면 |

physique는 '체격'이나 '몸매'를 뜻합니다. 전체적인 신체적 모습과 균형을 표현

할 때 사용되죠. 헬스를 해서 신체 비율이 좋아지는 것을 my physique improves라고 했죠. fit better는 옷이 더 잘 맞는다는 의미이니, 옷을 입은 모양이 좋아진다는 뜻으로 활용해도 좋습니다. 예를 들어 This jacket fits better after I lost some weight.라고 하면, '살을 빼고 나니 이 자켓이 더 잘 맞는다/어울린다'라는 말이 됩니다.

❺ That's a nice bonus.
| 그것도 나쁘지 않다 |

bonus는 급여 외에 추가로 받는 '보너스'를 뜻하지만, '예상하지 못한 좋은 추가 혜택'이나 '덤'을 일컫기도 합니다. 그래서 nice bonus는 '좋은 덤', 즉 없어도 되지만 있으면 더 좋은 것을 말하게 되죠. 예상치 못한 추가 혜택을 표현할 때 적절합니다.

❻ And hey, who knows? Maybe I'll even meet someone special at the gym.
| 헬스장에서 썸녀를 만날지도 모른다 |

'누가 알아?'라고 직역할 수 있는 Who knows?는 어떤 일이 일어날지 알 수 없다는 뜻으로, 기대나 가능성을 표현할 때 쓰입니다. '썸남', '썸녀'는 연인으로 발전할 가능성이 있는 사람을 말하므로, '특별한 사람'을 뜻하는 someone special로 표현할 수 있죠. '가능성'에 중점을 두어 potential boyfriend/girlfriend처럼 표현해도 좋습니다. .

❼ I know there are many who go with such ulterior motive.
| 그런 흑심 품고 오는 사람들 많다 |

ulterior motive는 겉으로 드러내지 않은 숨은 의도나 속셈을 뜻합니다. 속으로 어떤 이유나 계산을 지니는 사람을 말할 때 쓰죠. 겉으로는 운동을 하러 오는 것처럼 보여도 사실은 다른 속셈을 가진다는 의미를 표현하기에 적당합니다.

❽ I can't help glancing around.

| 시선이 가는 건 어쩔 수 없다 |

glance는 '힐끗 보다'라는 뜻이죠. glance around라고 했으므로, '주변을 힐끗거리다' 정도 의미가 됩니다. 주변으로 눈길이 가는 상황을 표현하기에 적절한 구동사입니다.

❾ especially when a woman hops on the treadmill next to me

| 러닝머신 옆자리에 여자가 있으면 |

러닝머신에서 뛰는 것은 run on the treadmill이라고 하면 됩니다. '러닝머신'은 running machine이 아니라 treadmill이라고 해야 하죠. 여기서 쓴 hop on은 '가볍게 올라타다'라는 뜻으로, 러닝머신에 올라가는 동작을 묘사하고 있습니다.

❿ But my peripheral vision does all the work.

| 곁눈질로 스캔은 다 끝낸다 |

peripheral이 '주변'을 가리키는 형용사이므로, peripheral vision은 '주변 시야', 즉 정면이 아닌 옆이나 가장자리로 들어오는 시각 정보를 뜻합니다. '곁눈질'에 잘 어울리는 표현이죠. do all the work는 '모든 일을 하다'라고 직역할 수 있죠. 우리말 '~이 다 한다'에 잘 어울립니다. 예를 들어 My AI does all the work.라고 하면 '인공지능이 다 한다'라는 뜻이죠.

⓫ I'm determined to show a transformed version of myself by the end of the year.

| 올 연말에는 달라진 외모를 보여줘야겠다 |

'굳게 결심한 상태'는 determined로 표현할 수 있죠. transformed version은 '변화된 버전', 즉 달라진 모습을 일컫죠. '연말까지'는 by the end of the year라고 하면 되는데, until이 아니라 by를 활용한다는 점에 주의해야 합니다.

Quick Quiz

1 남들 따라하는 삶을 살지 않겠다고 늘 다짐한다.

I always tell myself I won't just follow the ______.

2 하루라도 운동을 빠지면 이상하다는 사람들도 있다.

Some say they feel ______ if they skip even a single day.

3 그것도 나쁘지 않다.

That's a nice ______.

4 그런 흑심 품고 오는 사람들 많다.

I know there are many who go with such ______ ______.

5 올 연말에는 달라진 외모를 보여줘야겠다.

I'm determined to show a transformed ______ of myself by the end of the year.

답 **1.** crowd **2.** off **3.** bonus **4.** ulterior motive **5.** version

1월20일

학창시절엔 밥이 늘 차려져 있었고❶, 나는 먹기만 하면 됐다. 하지만 독립해서 혼자 살다❷ 보니 먹는 게 큰 숙제가 됐다. 부모님 댁에 가면 어머니가 반찬을 많이 싸주시긴❸ 하지만, 그걸로만 버틸 수는 없다. 결국 내가 직접 해결해야 한다. 원래 요리에 소질이 없었지만❹, 여러 번 해 보니 실력이 늘었다. 이제는 찌개나 국도 먹을 만하게 만들❺ 자신이 있다. 예전엔 요리 잘하는 여자에 대한 환상 같은 것도 있었지만❻, 지금은 함께 요리를 즐길 수 있는 사람이 좋다. 내가 만든 음식을 웃으며 먹어주는 사람. 같이 장보고 요리할 수 있는 사람. 혼자 사는 삶은 자유롭지만, 가끔은 식탁에 누군가가 있었으면❼ 좋겠다는 생각이 든다. 먹는 얘기로 시작해서 결국은 여자 얘기로 빠지는구나❽. 아무튼, 혼자 살면서 발전하고 있는 내가 자랑스럽다.

Back in my school days, **meals were always there** for me. I just had to eat. But since **moving out and living alone**, food has become a daily challenge. My mom still **packs me side dishes** when I visit, but I can't rely on those alone. Eventually, I had to figure things out myself. Cooking **wasn't my strong suit**, but after enough trial and error, I've gotten better. I can **whip up a decent stew or soup** without panicking. I used to **fantasize about** women who were great cooks, but now I'd rather be with someone who can enjoy cooking together. Someone who smiles while tasting my food, who goes grocery shopping and cooks with me. Living alone gives me freedom, but sometimes I wish there were **someone across the table**. It's funny how I started talking about food and **ended up talking about women**. Anyways, I'm proud of how much I've grown while living on my own.

❶ Meals were always there for me.
| 밥이 늘 차려져 있었다 |

were always there for me는 '언제나 나를 위해 거기에 있었다'라고 직역할 수 있죠. 말 그대로 차려져 있는 게 당연했다는 말입니다. be there for someone은 곤란하거나 필요할 때 곁에 있어 준다는 의미도 되죠. 예를 들어 My friends were always there for me.처럼 말할 수 있습니다.

❷ since moving out and living alone
| 독립해서 혼자 살다 보니 |

move out은 이사를 나간다는 뜻인데, 부모님 집에서 나온다는 뜻으로 쓰였죠. live alone이 혼자 산다는 뜻이니, move out과 함께 부모에게서 독립한다는 의미를 표현할 수 있습니다.

❸ My mom still packs me side dishes when I visit.
| 어머니가 반찬을 많이 싸주신다 |

pack은 물건을 싸서 챙겨준다는 의미이고, 누구에게 무엇을 싸 주는지, 예문처럼 소위 4형식 문장으로 표현할 수 있습니다. 예를 들어 '도시락을 싸주셨다'는 She packed me a lunch for school.처럼 말할 수 있죠. me가 간접목적어, side dishes나 a lunch가 직접목적어가 됩니다. 한국 식문화의 '반찬'은 side dishes로 표현하는 것이 가장 자연스럽습니다.

❹ Cooking wasn't my strong suit.
| 원래 요리에 소질이 없었다 |

원래 strong suit는 카드 게임에서 가장 강한 패를 뜻합니다. 비유적으로 가장 잘하는 분야나 장점을 의미하기도 하죠. 따라서 not my strong suit은 '내가 잘하지 못하는 영역'이라는 말이 됩니다. 장점을 의미하는 strength, forte와 같은 단어로 표현할 수도 있죠. 가령, Cooking wasn't my forte.라고 해도 '나는 요리

를 잘 못했다'라는 뜻입니다.

5 **I can whip up a decent stew or soup without panicking.**
| 찌개나 국도 먹을 만하게 만들 자신이 있다 |

whip up은 '빠르게 만들어내다'라는 뜻으로, 요리를 즉석에서 간단히 준비할 때 쓰는 표현입니다. decent은 '괜찮은'이라는 뜻이죠. 완벽하지는 않지만 충분히 먹을 만한 정도를 나타내기에 적절합니다. without panicking은 '당황하지 않고'라는 의미이므로, 긴장하지 않고 차분하게 해낼 수 있다는 의미가 되죠.

6 **I used to fantasize about women who were great cooks.**
| 요리 잘하는 여자에 대한 환상 같은 것도 있었다 |

fantasize는 '상상하다', '환상을 품다'라는 뜻입니다. 무엇에 환상이 있는지는 about으로 표현할 수 있죠. great cook은 '뛰어난 요리사'라는 뜻도 되지만, '요리를 잘하는 사람'을 일컫는 표현이기도 합니다. cook이 반드시 직업적 요리사를 말하는 것은 아니죠. '요리를 하는 사람'은 모두 cook이라고 할 수 있습니다.

7 **I wish there were someone across the table.**
| 식탁에 누군가가 있었으면 좋겠다는 생각이 든다 |

I wish로 시작하는 '가정법' 문장입니다. 현재 사실과 다른 바람이나 아쉬움을 표현하고 있죠. there was가 아니라 there were라고 표현한 이유입니다. someone across the table은 '식탁 건너편에 있는 누군가'라는 뜻이므로, 결국 '함께 식사하는 사람'을 말합니다.

❽ It's funny how I started talking about food and ended up talking about women.

| 먹는 얘기로 시작해서 결국은 여자 얘기로 빠지는구나 |

상황이 예상과 다르게 흘러가서 흥미롭거나 우스꽝스럽다는 의미에서 it's funny how ~로 문장을 시작했습니다. end up는 '결국 ~하게 되었다'는 의미로, 이처럼 예상치 못한 결말이나 방향 전환을 설명하기에 적절하죠. start와 end up을 활용해서 이야기의 방향이 달라진 것을 표현하고 있습니다.

Quick Quiz

1 밥이 늘 차려져 있었다.

Meals were always ______ for me.

2 어머니가 반찬을 많이 싸주신다.

My mom still ______ me side dishes when I visit.

3 원래 요리에 소질이 없었다.

Cooking wasn't my strong ______.

4 찌개나 국도 먹을 만하게 만들 자신이 있다.

I can ______ up a decent stew or soup without panicking.

5 요리 잘하는 여자에 대한 환상 같은 것도 있었다.

I used to ______ about women who were great cooks.

답 **1.** there **2.** packs **3.** suit **4.** whip **5.** fantasize

2월3일

커피를 줄여야겠다는 생각은 항상 하는데, 실천은 쉽지 않다❶. 하루 두 잔은 기본이 됐다❷. 사실 경제적인 부담도 무시 못 한다❸. 그래서 되도록 저렴하고 가성비 좋은 커피점을 애용하는데❹, 유명 커피 체인에도 안 갈 수가 없다. 아침 출근길에 커피 한 잔이 손에 쥐어져야 비로소 하루가 시작되는 기분이 드는❺ 걸 어쩌나. 점심을 먹고 난 오후, 졸음이 몰려올 때는❻ 더더욱 커피가 필요하다. 커피에는 항산화 성분이 많다는데❼, 그럼 노화 방지도 되고❽ 좋은 것 아닌가. 술 마시는 것보다는 당연히 낫고. 커피를 줄여야 하나 하는 생각을 매일 하지만, 결론은 언제나 "그냥 마시자"이다. 직장인으로서의 힘든 삶을 지탱하게 해 주는❾ 친구 같은 존재라고 믿는 게 결론이다❿.

I always tell myself I should cut back on coffee, but it's **easier said than done**. Two cups a day has basically **become the norm**. Sure, the **cost adds up**, so I usually **stick to affordable, good-value coffee shops**. But I can't completely avoid the big-name chains either. **My day doesn't truly begin until I'm holding a cup of coffee** on the way to work. And after lunch, when the **drowsiness hits**, coffee feels indispensable. People say coffee is **full of antioxidants**, so maybe it even **helps slow aging**. It's definitely better than drinking alcohol. Every day I go back and forth about whether I should cut down, but the conclusion is always the same: just keep drinking. **At the end of the day**, coffee feels more like a **companion**, helping me **power through the hectic life** of a working professional.

❶ But it's easier said than done.
| 실천은 쉽지 않다 |

easier said than done은 '말하기는 쉽지만 행동으로 옮기기는 어렵다'는 뜻을 지닌 관용 표현입니다. 문법적으로 분석할 필요 없이 네 단어로 이루어진 표현 그대로 활용하면 됩니다. 비슷한 의미를 지닌 문장에 Actions speak louder than words.도 있죠. '말보다는 행동이 더 중요하다'는 뜻입니다.

❷ Two cups a day has basically become the norm.
| 하루 두 잔은 기본이 됐다 |

norm은 '규범'이나 '표준'을 뜻합니다. 어떤 것이 하나의 기준이 된다고 할 때 become the norm이라고 할 수 있죠. baseline이라는 표현도 있습니다. 기준선이나 최소한의 표준이라는 뜻이므로, 가령 The baseline salary is higher than the industry average.라고 하면, '기본 급여가 업계 평균보다 높다'라는 말이죠. 위 예문은 baseline을 활용해 Two cups a day has basically become a baseline.처럼 말해도 됩니다.

❸ Sure, the cost adds up.
| 경제적인 부담도 무시 못 한다 |

'경제적인 부담'이라고 했지만, economic burden 같은 심각한 표현을 쓸 필요는 없죠. 여기서는 커피 마시는 비용이 점점 쌓여 간다는 뜻으로 the cost adds up이라고 했습니다.

❹ I usually stick to affordable, good-value coffee shops.
| 되도록 저렴하고 가성비 좋은 커피점을 애용한다 |

stick to는 어떤 선택이나 습관을 유지하거나 고수한다는 의미입니다. 특정 음식점, 브랜드, 방법 등을 계속 이용할 때 쓰는 표현이죠. 비용이 감당 가능하다고 할 때 affordable이라고 할 수 있죠. '가성비'를 여기서는 가치가 높다는 뜻으로

good-value라고 했습니다. '가성비가 좋다'는 have great value for money 라고 해도 좋습니다. 또, give me great bang for the buck이라는 구어 표현도 있죠. buck은 '달러'를 뜻하는 속어입니다.

❺ My day doesn't truly begin until I'm holding a cup of coffee on the way to work.

| 아침 출근길에 커피 한 잔이 손에 쥐어져야 비로소 하루가 시작되는 기분이 든다 |

영어를 직역하면 '커피를 쥘 때까지 하루가 시작하지 않는다'가 되죠. 어떤 행동이나 상태가 시작되기 위한 조건을 나타내기 위해 until을 활용했습니다. on the way to ~는 '~에 가는 길에'라는 뜻이죠. 출근길이므로 on the way to work라고 했습니다.

❻ after lunch, when the drowsiness hits

| 점심을 먹고 난 오후, 졸음이 몰려올 때는 |

졸음이 오는 상태는 drowsiness라고 할 수 있는데, 졸음이 나를 '때리는' 것이므로 the drowsiness hits처럼 표현할 수 있습니다. 구어에서 동사 hit으로 감정이나 상태가 강하게 찾아옴을 표현하는 경우가 많죠. 예를 들어 when fatigue hits me after the long work는, '오래 일한 후 피곤이 밀려 오면'이라는 말입니다.

❼ People say coffee is full of antioxidants.

| 커피에는 항산화 성분이 많다고 한다 |

antioxidants는 활성산소를 억제하는 성분, 항산화성분을 의미합니다. People say ~라고 하면 '일반적으로 그렇게들 말한다'는 의미로, 널리 퍼진 의견이나 생각을 소개할 때 쓰는 표현입니다.

❽ So maybe it even helps slow aging.
| 노화 방지도 된다 |

age를 동사로 쓰면 '나이를 먹다'라는 뜻이죠. 그래서 helps slow aging은 '노화를 늦추는 데 도움이 된다'는 의미죠. 여기 쓰인 slow도 '느려지게 만든다'는 뜻의 동사입니다.

❾ At the end of the day, coffee feels more like a companion.
| 커피는 친구 같은 존재라고 믿는 게 결론이다 |

At the end of the day는 여러 생각을 정리한 뒤의 최종 결론을 말할 때 쓰는 표현입니다. 결론을 말하는 문장을 시작하는 표현으로 유용하죠. a companion은 함께 시간을 보내며 마음을 지탱해 주는 존재, 즉 '친구'나 '동반자'를 말하죠.

❿ helping me power through the hectic life of a working professional
| 직장인으로서의 힘든 삶을 지탱하게 해 주는 |

power through는 힘든 시간을 견디고 끝까지 버틴다는 뜻의 구동사입니다. '힘들어도 밀어붙여 헤쳐 나간다'는 의미죠. hectic은 정신없이 바쁜 상황을 일컫고, 직장인은 working professional이라고 근사하게 표현하는 경우가 많습니다.

Quick Quiz

1 하루 두 잔은 기본이 됐다.

Two cups a day has basically become the ______.

2 되도록 저렴하고 가성비 좋은 커피점을 애용한다.

I usually ______ to affordable, good-value coffee shops.

3 노화 방지도 된다.

So maybe it even helps ______ aging.

4 커피는 친구 같은 존재라고 믿는 게 결론이다.

At the ______ of the ______, coffee feels more like a companion.

5 직장인으로서의 힘든 삶을 지탱하게 해 주는

helping me ______ through the hectic life of a working professional

답 **1.** norm **2.** stick **3.** slow **4.** end, day **5.** power

2월5일

요즘 보면, 직장 내 연애에 관심 있는❶ 사람들이 참 많다. 나도 그 중 한 명이다. 젊은 남녀가 모여 오랜 시간을 보내면, 자연스럽게 감정이 싹트는 것은 당연한 것❷ 아닌가. 직장에서 불륜도 심심찮게 일어난다던데❸, 그런 사람들에 비하면 나는 참 건전한 편❹ 아닌가. 사실 나는 사내연애에 대해 별로였다❺. 직장에서 연애까지 하는 건 회사에 인생 모두를 거는 거라는 생각❻ 때문이었다. 사생활까지 회사와 엮이고 싶진 않았다. 하지만 하루의 대부분을 보내는 곳이 직장이니, 거기서 누군가를 만나는 것도 좋다고 생각한다. 비밀 사내 연애의 스릴도 있을 것❼ 같다. 회의 중에 여자친구와 남들 모르게 사랑의 눈빛을 교환한다면❽. 힘든 직장 생활의 활력소가❾ 되지 않을까? 발렌타인데이와 화이트데이가 다가오고 있다. 생각만 하지 말고 좀 더 적극적인 태도로 사내 연애를 시도해❿ 보리라.

Lately, I see a lot of people **interested in office romance**, and I'm one of them. When young men and women spend so much time together in one place, it's only natural for **sparks to fly**. I've even heard that **extramarital affairs at work aren't uncommon**. Compared to that, my intentions are pretty **genuine**. Honestly, I used to be **skeptical** about dating at work. It felt like **handing my entire life over to the company**, and I didn't want to blur the line between personal and professional life. But since I spend most of my day at the office, meeting someone there doesn't seem so bad anymore. There's probably a **thrill to a secret office romance**, like exchanging loving glances during meetings without anyone noticing. Wouldn't that be a **nice boost** in a tough work life? With Valentine's Day and White Day around the corner, maybe it's time I **stopped imagining and started acting. A little boldness won't hurt**.

❶ I see a lot of people interested in office romance.

| 직장 내 연애에 관심 있는 사람들이 많다 |

I see는 내가 관찰하거나 경험을 통해 알게 된 사실을 말할 때 유용하죠. 예를 들어 I see a lot of people interested in learning English.라고 하면 '영어 배우는 데 관심 있는 사람들이 많다'라는 뜻이 됩니다. office romance는 말 그대로 직장에서 발생하는 로맨스, 즉 연애를 일컫죠. 달리 workplace relationship, workplace love story라고 해도 좋습니다.

❷ It's only natural for sparks to fly.

| 자연스럽게 감정이 싹트는 것은 당연한 거다 |

sparks와 fly를 함께 쓰면 불꽃이 튀는 상황을 묘사하지만, 비유적으로 사람들 사이에 강한 감정이나 화학 반응이 생기는 것을 뜻하기도 합니다. 긍정적으로는 사랑이나 끌림을, 부정적으로는 다툼이나 긴장을 묘사하죠. 사내연애가 당연함을 말하기 위해 Love has a way of finding its place, even at work.와 같은 문장도 좋습니다. '사랑은 어디서든 생겨나기 마련인데, 직장도 마찬가지다'라는 뜻이죠.

❸ I've even heard that extramarital affairs at work aren't uncommon.

| 직장에서 불륜도 심심찮게 일어난다 |

extramarital affairs는 혼인 관계에서 벗어난(extra-) 애정관계(affair)라는 뜻입니다. '불륜'에 해당하는 표현인데, 그냥 affair라고만 말하기도 합니다. not uncommon은 '흔하지 않지 않다' 즉 자주 일어난다는 의미죠. 이중 부정으로 은근히 자주 발생한다는 뉘앙스를 전달합니다.

❹ My intentions are pretty genuine.

| 나는 참 건전한 편이다 |

여기서 intentions는 '의도'나 '동기'를 말하죠. genuine은 진짜이고 진실하다는

뜻이므로, '순수한 의도'라고 표현한 셈입니다. 결국 내가 하는 일은 건전하다는 말이 되죠.

❺ I used to be skeptical about dating at work.

| 사내연애에 대해 별로였다 |

used to는 과거에는 그랬지만 지금은 그렇지 않다는 의미를 나타냅니다. 습관이나 태도가 변했음을 암시할 때 쓰이는 구문이죠. skeptical은 '회의적이다', '의심스럽게 본다'는 뜻으로, 어떤 상황이나 주장에 대해 쉽게 믿지 않는 태도를 나타냅니다. '사내연애'는 곧 일터에서 데이트하는 것이므로 dating at work도 어울립니다.

❻ It felt like handing my entire life over to the company.

| 회사에 인생 모두를 거는 거라 생각했다 |

hand over는 권한이나 소유를 '넘겨주다'라는 뜻이죠. handing my entire life over to the company는 '내 삶 전체를 회사에 넘겨주다'라는 의미이므로, 개인의 자유와 시간을 모두 회사에 바친다는 뜻이 됩니다. It seemed like giving up everything I had to the company.라고 해도 '회사를 위해 모든 걸 포기한다', 즉 회사에 모든 걸 맡긴다는 의미가 되죠.

❼ There's probably a thrill to a secret office romance.

| 비밀 사내 연애의 스릴도 있을 것 같다 |

thrill은 짜릿함이나 흥분을 뜻하죠. 위험이나 금기와 관련된 흥분을 묘사하기에도 적절합니다. 비밀스럽게 연애하는 것이므로 office romance 앞에 secret까지 붙여 표현하고 있습니다.

8 exchanging loving glances during meetings without anyone noticing
| 회의 중에 여자친구와 남들 모르게 사랑의 눈빛을 교환하는 것 |

glace가 주로 짧고 순간적인 시선을 말하므로, loving glance는 '사랑의 눈빛'을 뜻하죠. 대신 gaze나 look을 활용해 loving gazes, loving looks라고 해도 좋습니다.

9 Wouldn't that be a nice boost in a tough work life?
| 힘든 직장 생활의 활력소가 되지 않을까 |

boost는 원래 '밀어 올리다'라는 의미지만, 여기서는 정신적이나 감정적으로 힘을 주는 것을 나타내는 명사입니다. nice boost는 에너지를 북돋아 주는 요소, 즉 좋은 활력소라는 뜻이 되죠. '힘든 직장 생활'을 in a tough work life라고 했는데, tough는 '터프한'처럼 사람을 묘사하는 뜻 말고 이렇게 힘든 상황을 나타내는 단어로도 빈번히 쓰입니다.

10 Maybe it's time I stopped imagining and started acting. A little boldness won't hurt.
| 좀 더 적극적인 태도로 사내 연애를 시도해야 한다 |

'적극적인 태도'는 positive attitude로 표현할 수 있는데, 여기서는 stop imagining, 즉 상상만 하지 않고, start acting, 즉 행동을 취하기 시작한다는 말로 '적극적인 태도'를 표현하고 있습니다. 덧붙여 '약간의 대담함은 해가 되지 않는다'는 뜻으로 A little boldness won't hurt.라고 했죠. ~ won't hurt는 '~해서 나쁠 건 없지'라는 의미를 나타냅니다.

Quick Quiz

1 직장 내 연애에 관심 있는 사람들이 많다.

I see a lot of people interested in office ______.

2 자연스럽게 감정이 싹트는 것은 당연한 거다.

It's only natural for sparks to ______.

3 사내연애에 대해 별로였다.

I used to be ______ about dating at work.

4 비밀 사내 연애의 스릴도 있을 것 같다.

There's probably a ______ to a secret office romance.

5 힘든 직장 생활의 활력소가 되지 않을까?

Wouldn't that be a nice ______ in a tough work life?

답 **1.** romance **2.** fly **3.** skeptical **4.** thrill **5.** boost

2월25일

신입이 들어왔다❶. 내 밑으로 배치됐으니 내가 사수인❷ 셈이다. 내가 직접 면접을 본 건 아니지만, 새로 뽑은 직원이 괜찮다는 얘기가 들어오기 전부터 있었다❸. 막상 만나 보니 맞는 얘기였다. 요즘은 항상 이어폰 꽂고 일하고 직장 선배와 눈도 안 마주치는 사람도 있어서 걱정했는데❹, 그런 스타일은 아니다. 뭣보다 눈치 있고, 배우려는 자세가 보여서 안심이 된다❺. 내가 처음 입사했을 때 생각도 나고. 그래도 요즘 같은 직급 파괴 시대에 언제 내 위로 올라갈지 모르니 긴장해야 한다❻. 실력 있고 센스 있는 사람은 금방 인정받고 치고 올라오니까❼. 적당한 거리와 긴장감을 유지하면서, 이 친구와 함께 좋은 팀워크를 만들어가기 위해❽ 노력해야겠다.

A new member has **joined our team**, and since she's been **assigned under me**, I'm now her **mentor**. I wasn't involved in the interview process, but **word had already spread that** the new hire was a **good pick**. After meeting her, I'd say the rumors were right. These days, some newcomers work with their earphones in all day and **avoid eye contact with senior colleagues**, so I was **bracing for the worst**. But thankfully, she's not like that. More than anything, she's **sensible and eager to learn**, which makes me **feel reassured**. She reminds me of myself when I first joined the company. Still, in today's world of **collapsing hierarchies**, I have to **stay alert**. Nobody knows when she might **surpass me**. Talented and **savvy** people **get recognized** and **promoted** quickly. For now, I'll keep a healthy distance, stay on my toes, and do my part to **build a strong, balanced partnership** with this new colleague.

❶ **A new member has joined our team.**
| 신입이 들어왔다 |

새로운 구성원을 new member라고 했는데, member 대신 hire, colleague, teammate와 같이 표현할 수도 있죠. 입사하는 경우 join이 기본 동사인데, 새로 승선했다는 의미로 We have a new member on board.와 같이 말할 수도 있습니다.

❷ **Since she's been assigned under me, I'm now her mentor.**
| 내 밑으로 배치됐으니 내가 사수다 |

assign은 업무나 역할을 부여할 때 자주 쓰이는 동사입니다. 특정 부서나 역할에 배정한다는 뜻이죠. under me라고 했으니 내 밑으로 배정되었다는 말입니다. '사수'는 말은 supervisor처럼 상하관계를 표현하는 단어도 있지만, mentor도 잘 어울립니다.

❸ **Word had already spread that the new hire was a good pick.**
| 새로 뽑은 직원이 괜찮다는 얘기가 들어오기 전부터 있었다 |

여기서 word는 '소문'이나 '소식'이라는 뜻으로, 사람들이 퍼뜨린 이야기를 의미합니다. 이야기가 퍼지는 것은 spread로 표현할 수 있죠. '~을 퍼뜨리다' 혹은 여기처럼 '~이 퍼지다'라는 의미도 지닙니다. 채용한 사람의 입장에서 '신입사원'은 new hire라고 할 수 있고, a good pick은 '좋은 선택'이라는 의미입니다. pick은 명사로 '선택'을 뜻하죠.

❹ **Some newcomers avoid eye contact with senior colleagues, so I was bracing for the worst.**
| 선배와 눈도 안 마주치는 사람도 있어서 걱정했다 |

eye contact가 눈을 마주치는 것이므로, avoid eye contact은 시선을 피한다

는 뜻이죠. brace for는 다가올 어려움이나 불리한 상황에 대비한다는 의미이고, I was bracing for the worst.라고 했으므로 '최악의 상황에 대비하고 있었다'라는 말이 됩니다.

5 **She's sensible and eager to learn, which makes me feel reassured.**
| 눈치 있고, 배우려는 자세가 보여서 안심이 된다 |

'눈치'라는 우리말도 맥락에 따라 다양한 단어로 표현해야 하죠. 여기서 sensible은 상황을 잘 이해하고 현명하게 행동한다는 의미로, '눈치가 있다'는 우리말과 잘 어울립니다. reassure는 안심하게 만든다는 뜻이죠. 그래서 which makes me feel reassured처럼 말하면, 그런 성향이 나를 안심하게 만든다는 의미가 됩니다. which는 앞 문장 내용 전체를 받는 관계대명사이죠.

6 **Still, in today's world of collapsing hierarchies, I have to stay alert. Nobody knows when she might surpass me.**
| 직급 파괴 시대에 언제 내 위로 올라갈지 모르니 긴장해야 한다 |

hierarchy는 위계질서나 직급 체계를 말하죠. collapsing hierarchies라고 했으므로, 전통적인 직급 체계가 무너지는 변화를 표현합니다. stay alert는 긴장하고 주의를 기울인다는 의미죠. 그런 상태를 '지속하는' 것이므로 동사 stay를 활용했습니다. surpass는 능가한다는 뜻이므로, surpass me는 '나를 앞지른다'는 말이 됩니다.

7 **Talented and savvy people get recognized and promoted quickly.**
| 실력 있고 센스 있는 사람은 금방 인정받고 치고 올라온다 |

savvy는 똑똑한 사람, 상황을 잘 파악하는 센스를 지닌 사람을 표현합니다. 회사에서 인정받는 것은 recognize나 acknowledge로 표현할 수 있죠. 우리말 '인정하다'와 동일하게 쓰입니다. '치고 올라온다'는 결국 빨리 승진한다는 뜻이므로

get promoted quickly가 잘 어울리죠.

❽ I'll do my part to build a strong, balanced partnership with this new colleague.

| 이 친구와 함께 좋은 팀워크를 만들어가기 위해 노력해야겠다 |

build a strong, balanced partnership는 튼튼하고 균형 잡힌 협력 관계를 만들어 간다는 표현이죠. 이렇듯 build는 물리적이지 않은 것을 만들어 간다고 할 때도 쓰입니다. 가족을 이루는 것도 build a family라고 하죠.

Quick Quiz

1 신입이 들어왔다.
A new member has ______ our team.

2 새로 뽑은 직원이 괜찮다는 얘기가 들어오기 전부터 있었다.
______ had already spread that the new hire was a good pick.

3 선배와 눈도 안 마주치는 사람도 있어서 걱정했다.
Some newcomers avoid eye contact with senior colleagues, so I was bracing for the ______.

4 언제 내 위로 올라갈지 모르니 긴장해야 한다.
I have to stay alert. Nobody knows when she might ______ me.

5 실력 있고 센스 있는 사람은 금방 인정받고 치고 올라온다.
Talented and savvy people get ______ and promoted quickly.

답 **1.** joined **2.** word **3.** worst **4.** surpass **5.** recognized

3월10일

주요 인사는❶ 지난 연말에 대부분 마무리됐지만, 3월 주총을 앞두고 이사님이 새로 임명되었다. 누군가 임원이 되면, 그 라인 사람들도 자연스럽게 전진배치되는❷ 느낌이다. 역시 조직 생활은 줄이다❸. 나는 아직 뚜렷한 라인이랄 것도 없고, 그냥 일만 해온 편이다. 하지만 이제 슬슬 생각해볼 때가 된 것 같다. 어디에 줄을 서야 할지❹, 어떤 방향으로 나아가야 할지. 물론 이 회사에 평생 있을 거란 보장은 없다. 좋은 조건의 오퍼가 들어오면 언제든 옮길 거다❺. 그렇다고 당분간 아무런 존재감 없이 지내도❻ 되는 건 아니다. 높은 분들께 눈도장도 좀 찍고, 평가도 잘 받아놔야❼ 나중에 선택지가 넓어진다❽. 새 이사님을 더 깍듯하게 대해야겠다❾.

While most of the **organizational reshuffle** wrapped up late last year, a new director has been appointed ahead of the March shareholders' meeting. Whenever someone rises to an executive position, his or her **circle of managers naturally move forward**. That's the nature of corporate life. As they say, **it's not what you know, but who you know**. I'm not part of any circle yet. I've just been doing my work. But it's time to start thinking more strategically. Where should I **align myself**? What direction should I be heading in? Of course, there's no guarantee I'll stay at this company forever. **If the right opportunity comes along**, I won't hesitate to take it. Still, that doesn't mean I can afford to be **invisible** in the meantime. I need to **make a good impression on** the executives and **earn solid evaluations** so I **have more options** later. I should also **show a bit more respect** to the new director.

❶ Most of the organizational reshuffle wrapped up late last year.

| 주요 인사는 지난 연말에 마무리됐다 |

shuffle이 지닌 여러 뜻 중에는 '카드를 섞다'도 있습니다. 그래서 reshuffle은 인력을 다시 섞는 것, 즉 '개각'이나 '인사 이동'을 뜻하죠. 여기서는 '조직'을 뜻하는 organizational까지 붙여 organizational reshuffle이라고 했습니다. '마무리하다'라는 뜻으로 가장 일반적인 구동사가 wrap up이죠.

❷ Whenever someone rises to an executive position, his or her circle of managers naturally move forward.

| 누군가 임원이 되면, 그 라인 사람들도 자연스럽게 전진배치된다 |

우리는 '라인'이라고 하는데, 영어로는 line, circle 모두 잘 어울립니다. circle은 서로 연결된 사람들의 집단이나 영향력을 가진 그룹을 말하죠. 우리는 학교의 특별 활동을 말할 때 '서클'이라는 표현을 쓰는데, circle이 아니라 club이라고 해야 맞습니다. rise to an executive position은 임원 자리로 승진한다는 의미로, 지위 상승을 표현합니다. 전진배치되는 것은 말 그대로 move forward(앞으로 나아간다)라고 했죠.

❸ As they say, it's not what you know, but who you know.

| 역시 조직 생활은 줄이다 |

as they say는 '흔히들 말하듯'이라는 의미로, 널리 알려진 격언이나 속담을 인용할 때 쓰입니다. '무엇을 아느냐가 중요한 게 아니라 누구를 아느냐가 중요하다'로 직역할 수 있는 It's not what you know, but who you know.는 인맥이 중요하다는 뜻으로 쓰는 관용 표현입니다.

❹ Where should I align myself?

| 어디에 줄을 서야 될까? |

align은 원래 '정렬하다'라는 뜻이지만, 여기서 align myself는 특정 집단이나

방향에 나를 맞추다, 즉 가치관이나 입장을 맞춘다는 의미입니다. 좀 더 쉽게 Whose side should I be on?이라고 해도 '누구 편을 들어야 하나?' 즉 어디에 줄을 서야 하나라는 뜻이 되죠. '줄을 서다'를 직역해서 Where should I stand in line?이라고 하면 실제로 줄을 서는 상황만을 가리키게 되어 우리말 뉘앙스를 충분히 전달하지 못합니다.

❺ If the right opportunity comes along, I won't hesitate to take it.

| 좋은 조건의 오퍼가 들어오면 언제든 옮길 지다 |

right opportunity는 좋은 조건이나 적절한 기회를 의미하죠. come along은 '(우연히) 찾아오다'라는 뜻의 구동사로, 기회가 자연스럽게 나타나는 상황을 일컫습니다. 기회를 받아들이는 것은 take로 표현하고 있죠.

❻ That doesn't mean I can afford to be invisible in the meantime.

| 아무런 존재감 없이 지내도 되는 건 아니다 |

'존재감'에 어울리는 영단어는 presence입니다. 위 문장도 That doesn't mean I can afford to lose my presence during this period.처럼 표현할 수 있죠. 여기서는 대신 invisible이라고 했는데, 눈에 띄지 않는 상태, 결국 존재감이 없는 상황을 일컫습니다. I can afford to는 '내가 감당할 수 있다', '허용할 수 있다'는 의미로, 어떤 행동을 해도 괜찮다는 여유를 표현합니다. in the meantime은 '그동안'으로 번역할 수 있는데, 어떤 일이 진행되는 기간을 가리킵니다.

❼ Still, I need to make a good impression on the executives and earn solid evaluations.

| 눈도장을 찍고 평가도 잘 받아 놓는다 |

make a good impression은 '좋은 인상을 남기다'라는 의미로, 비유 표현 '눈

도장'과 잘 어울립니다. 임원들이 나를 인식하도록 하는 것이 '눈도장'이므로 I need to get myself noticed by the executives.라고 해도 좋습니다. solid evaluations에서 solid는 튼튼하고 확실하다는 의미로, 평가가 안정적이고 믿을 만함을 나타냅니다. 그런 평가를 '얻는' 것은 earn으로 표현했죠.

❽ I have more options later.

| 나중에 선택지가 넓어진다 |

option 대신 choice(선택), alternative(대안)도 잘 어울리죠. I have more leeway.도 좋습니다. leeway는 '여유'나 '자유'를 의미하는 단어죠.

❾ I should also show a bit more respect to the new director.

| 더 깍듯하게 대해야겠다 |

show respect는 '존중을 표현하다'라는 뜻이므로, 상대방에게 예의를 갖추는 자세를 설명하기에 적절합니다. 더 깍듯하다고 했으므로 more respect로 표현했죠.

Quick Quiz

1 역시 조직 생활은 줄이다.

It's not _____ you know but _____ you know.

2 어디에 줄을 서야 될까?

Where should I _____ myself?

3 좋은 조건의 오퍼가 들어오면 언제든 옮길 거다.

If the right opportunity _____ _____, I won't hesitate to take it.

4 눈도장을 찍고 평가도 잘 받아 놓는다.

I need to make a good _____ on the executives and earn solid _____.

5 나중에 선택지가 넓어진다.

I have more _____ later.

답 **1.** what, who **2.** align **3.** comes along **4.** impression, evaluations **5.** options

3월15일

요즘 유튜브 사용 시간이 점점 늘고 있다❶. 특히 쇼츠 보는 시간이 많아졌다. 지하철에서, 엘리베이터 기다릴 때, 식당에서 음식 나오기 기다릴 때 잠깐이라도 짬이 나면❷ 자연스럽게 손이 스마트폰으로 간다❸. 나도 모르게 엄지로 계속 동영상을 넘기고 있다❹. 짧고 자극적인 영상들이 끊임없이 이어지니❺, 정신을 차릴 틈도 없이❻ 빠져든다. 디지털 디톡스까지는 아니더라도, 유튜브 사용 시간을 줄여야겠다는❼ 생각이 든다. 쇼츠를 보며 보내는 시간에 책 한 페이지라도 더 읽는 게 낫지 않을까 싶다. 앞으로 콘텐츠 플랫폼들은 더 많아지고❽, 알고리즘은 더 똑똑해질텐데, 균형을 잡을 줄❾ 알아야 한다. 테크놀로지를 잘 활용해야지, 그 노예가 되어서는 안 될❿ 테니까.

Lately, my YouTube screen time is **creeping up**, especially with Shorts. **During idle moments** on the subway, in front of an elevator, or at a restaurant, I instinctively **reach for my phone**. Without even realizing it, I endlessly **scroll through videos with my thumb**. The **short, stimulating clips keep coming**, leaving no room to **snap out of it**. I need to **cut back on my screen time**, even if I don't go for a full digital detox. Maybe reading a page of a book instead of watching Shorts would be a better use of time. As content platforms **multiply** and algorithms grow smarter, **practicing moderation** becomes more important than ever. **We should use technology, not let it use us**.

❶ Lately, my YouTube screen time is creeping up.

| 유튜브 사용 시간이 점점 늘고 있다 |

screen time은 화면을 보는 시간, 특히 스마트폰이나 컴퓨터 사용 시간을 일컫는 표현입니다. '보다'라는 동사를 생각할 필요 없이, screen time이라고만 하면 되죠. creep은 원래 살금살금 기어간다는 뜻이죠. creep up은 기면서 올라가듯(up) 서서히 늘어나고 있다는 뜻으로, 빠른 증가가 아니라 몰래 은근히 증가하는 뉘앙스를 전달합니다. 눈에 띄지 않게 점점 증가하거나 다가오는 상황을 묘사할 때 적절한 표현이죠.

❷ during idle moments on the subway, in front of an elevator, or at a restaurant

| 지하철에서, 엘리베이터 기다릴 때, 식당에서 음식 나오기 기다릴 때 잠깐이라도 짬이 나면 |

idle moments는 한가한 순간, 즉 아무 일도 하지 않고 기다리는 시간을 뜻합니다. 생산적인 활동이 없는 상태를 말하죠. 잠깐의 빈 시간을 표현할 때 적절합니다. 남는 시간이라는 의미로 spare moments라고 해도 좋죠.

❸ I instinctively reach for my phone.

| 손이 스마트폰으로 간다 |

instinctively는 '본능적으로'라는 뜻으로, 의식적인 생각 없이 자연스럽게 행동하는 상황을 표현합니다. reach for는 손을 뻗어 무엇을 잡으려 한다는 의미죠. 무엇을 '향해' 손을 뻗는 것이므로 전치사 for를 활용합니다.

❹ I endlessly scroll through videos with my thumb.

| 나도 모르게 엄지로 계속 동영상을 넘기고 있다 |

scroll through videos는 화면을 위아래로 넘기며 콘텐츠를 살펴보는 동작을 표현합니다. '스크롤'이라는 외래어로도 익숙한 표현이죠. 그런 동작이 끊임없이 이어지므로 endlessly라고 했습니다.

❺ The short, stimulating clips keep coming.

| 짧고 자극적인 영상이 끊임없이 이어진다 |

stimulate는 '자극하다'라는 뜻이죠. stimulating은 자극적이고 흥미를 끄는 것을 묘사합니다. 지적인 자극이나 호기심을 불러일으키는 것을 일컫고, '자극적인 음식'을 말할 때는 어울리지 않죠. 그런 영상이 끊임없이 나오는 상황은 동사 come으로 간단히 표현했죠. keep coming이라고 하면, 계속 이어져 나온다는 뜻입니다.

❻ leaving no room to snap out of it

| 정신을 차릴 틈도 없이 |

leaving no room은 여유나 공간을 전혀 남기지 않는다는 뜻이죠. snap out of it은 어떤 상태에서 벗어나 정신을 차린다는 뜻입니다. 부정적인 상태에서 벗어나 정상으로 돌아온다는 의미로 쓰이죠. 결국 leaving no room to snap out of it은 빠져드는 상황이 너무 강렬해 벗어날 여지가 없다는 말이 됩니다.

❼ I need to cut back on my screen time.

| 유튜브 사용 시간을 줄여야겠다 |

cut back on은 '줄이다', '절약하다'라는 의미로 쓰이는 대표적인 구동사죠. 앞서 설명한 screen time을 활용해 유튜브 시청 시간을 줄인다는 의미를 표현하고 있습니다.

❽ as content platforms multiply

| 콘텐츠 플랫폼들은 더 많아지고 |

많아진다는 말을 multiply로 표현했죠. 원래 '곱하다'라는 뜻이고, 곱하기를 통해 숫자가 빨리 증가하듯 빠르게 증가하고 확산된다는 의미를 표현합니다.

❾ Practicing moderation becomes more important than ever.

| 균형을 잡을 줄 알아야 한다 |

여기서 '균형'은 '절제'를 의미하므로 moderation이 잘 어울립니다. 음식, 소비, 생활 습관 등 다양한 맥락에서 '절제'를 일컫는 단어죠. practice moderation은 절제나 균형을 실천한다는 의미입니다.

❿ We should use technology, not let it use us.

| 테크놀로지의 노예가 되어서는 안 된다 |

'노예로 만들다'는 enslave라고 하죠. 위 문장은 We shouldn't be enslaved by technology.라고 직역할 수도 있습니다. 여기서는 '노예'라는 말은 쓰지 않고, '우리가 기술을 이용해야지 기술이 우리를 이용해서는 안 된다'라고 했죠. 기술을 주체적으로 다루어야 한다는 메시지를 잘 전달하는 문장입니다.

Quick Quiz

1 유튜브 사용 시간이 점점 늘고 있다.

My YouTube screen time is _____ up.

2 손이 스마트폰으로 간다.

I instinctively reach _____ my phone.

3 나도 모르게 엄지로 계속 동영상을 넘기고 있다.

I endlessly _____ through videos with my thumb.

4 정신을 차릴 틈도 없이

leaving no room to _____ out of it

5 균형을 잡을 줄 알아야 한다.

Practicing _____ becomes more important than ever.

답 **1.** creeping **2.** for **3.** scroll **4.** snap **5.** moderation

3월23일

주식투자에 입문한 지❶ 벌써 1년이 넘었다. 사실 직장인 중에 주식 안 하는 사람 찾기가 어려울 정도다. 모두가 월급만으로는 미래를 준비하기 힘들다고❷ 느끼다 보니, 주식투자에 열을 올리는 것 같다. 친구를 만나도 대화의 절반은 주식 이야기고, 직장 동료와도 자연스럽게 오늘의 시장 상황에 대해 얘기하게❸ 된다. 처음에는 망설여졌는데❹, 막상 시작하고 보니 생각보다 괜찮다❺. 최근에 인공지능 관련 주식들이 급등하면서 덕을 좀 보기도 했고❻. 역시 큰 욕심 부리지 않고❼, 시장의 흐름에 몸을 맡기면❽ 수익은 따라오는 법인 것 같다. 업무 보다 말고 몰래 나가서 주가 확인하는❾ 직장인들 많다던데. 나는 너무 욕심 내지 않고 현명한 투자를 계속해 봐야겠다❿.

It's been over a year since I **stepped into the world of** stock investing. These days, it's hard to find an office worker who isn't in the game. The sense that a **salary alone won't secure the future** has **driven many of us into the market**. When I meet friends, half the conversation is about stocks, and with colleagues it's just natural to **discuss the day's market trends**. I was a bit **hesitant** at first, but once I began, it **wasn't nearly as intimidating** as I thought. Lately, the surge in AI-related stocks has even **given me a modest gain**. I've realized that if you **don't get greedy** and just **go with the flow** of the market, steady gains follow. Plenty of office workers **sneak away** during the day to check prices, but as for me, I'll keep reminding myself to **stay disciplined** and focus on **smart, long-term investing**.

❶ It's been over a year since I stepped into the world of stock investing.

| 주식투자에 입문한 지 벌써 1년이 넘었다 |

step into는 새로운 세계나 분야에 발을 들여놓는다는 뜻입니다. get into가 기본 표현이고, 발을 들여 놓는다는 뉘앙스를 강조하기 위해 get 대신 step을 활용한 거죠.

❷ The sense that a salary alone won't secure the future has driven many of us into the market.

| 모두가 월급만으로는 미래를 준비하기 힘들다고 느끼다 보니, 주식투자를 한다 |

문장 구조를 보면, 월급이 안정적인 미래를 보장하지 못한다는 생각을 주어 자리에 놓고 그 생각이 주식투자를 하게 만들었다고 표현했죠. 동사로 쓴 drive는 어떤 요인이 사람들을 특정 행동으로 '몰아간다'는 의미로, 인과 관계를 나타냅니다. 문장을 시작하는 the sense that은 '~라는 인식'이나 '느낌'을 일컫습니다. secure the future는 미래를 안정적으로 만들어 준다는 뜻이죠. 미래를 보장한다는 의미에서 guarantee the future라고 해도 좋습니다.

❸ With colleagues, it's just natural to discuss the day's market trends.

| 직장 동료와도 자연스럽게 오늘의 시장 상황에 대해 얘기하게 된다 |

the day's market trends는 그날그날의 시장 흐름이나 변동을 말합니다. 직장 동료는 co-worker라고 해도 좋고, '동료'를 뜻하는 colleague를 활용해도 되죠. 깊이 있는 토론이 아니더라도, 어떤 이슈에 대해 얘기하는 것은 모두 discuss로 표현할 수 있습니다.

❹ I was a bit hesitant at first.

| 처음에는 망설여졌다 |

hesitant는 '망설이다'라는 뜻인 동사 hesitate에서 파생한 형용사로, 망설이는

태도를 표현합니다. 참고로, 입장을 정하지 못하고 망설이는 태도를 표현하는 관용 표현들은 다양합니다. have cold feet이 망설여지거나 긴장된다는 뜻이므로, I had cold feet in the beginning.처럼 말해도 좋고, 망설이는 태도를 일컫는 reservations를 활용해 I had my reservations at first.라고 해도 좋습니다. 어느 쪽인지 정하지 못하고 경계가 되는 펜스 위에 올라앉아 있다는 의미인 I was on the fence at first.도 같은 뜻이죠.

❺ But once I began, it wasn't nearly as intimidating as I thought.

| 막상 시작하고 보니 생각보다 괜찮다 |

intimidating은 '겁나게 하다'라는 뜻인 intimidate에 -ing를 붙인 단어로, 심리적으로 압박되거나 두려워서 부담이 되는 상황을 묘사합니다. once I began은 '막상 시작하고 나니'라는 뜻이죠. once는 '~하고 나니'라는 의미를 지니는 접속사이기도 합니다.

❻ Lately, the surge in AI-related stocks has even given me a modest gain.

| 최근에 인공지능 관련 주식들이 급등하면서 덕을 좀 보기도 했다 |

surge는 빠르고 강한 상승이나 증가를 묘사하는 단어입니다. the surge in AI-related stocks는 인공지능 관련 주식들이 급등했다는 말이 되죠. gain은 '수익'을 뜻하기도 합니다. modest gain이라고 했으니 크지 않은 수익이죠.

❼ if you don't get greedy

| 큰 욕심 부리지 않으면 |

greedy는 탐욕스럽고 욕심을 부린다는 뜻이죠. '욕심을 부리다'는 지나치게 야망을 지니거나 공격적인 태도를 일컫기도 하므로, if you don't get too ambitious 혹은 if you don't get too aggressive라고 표현해도 좋습니다.

❽ If you just go with the flow of the market, steady gains follow.

| 시장의 흐름에 몸을 맡기면 수익은 따라오는 법인 것 같다 |

go with the flow는 말 그대로 흐름을 따른다는 뜻으로, 투자뿐 아니라 인생 전반에서 '흘러가는 대로 맡긴다'는 태도를 표현할 때 쓰입니다. steady gains는 크진 않지만 꾸준히 쌓이는 수익을 의미합니다. 여기서 follow는 특정 행동 뒤에 자연스럽게 결과가 뒤따른다는 인과 관계를 표현하고 있습니다.

❾ Plenty of office workers sneak away during the day to check prices.

| 업무 보다 말고 몰래 나가서 주가 확인하는 직장인들 많다 |

sneak는 몰래 어떤 장소로 이동한다는 뜻의 동사입니다. 사무실에서 빠져나가서, 혹은 사라져서 주가를 확인하는 것이므로 sneak away라고 했죠. away는 사라지거나 멀어지는 모습을 묘사합니다.

❿ As for me, I'll keep reminding myself to stay disciplined and focus on smart, long-term investing.

| 나는 너무 욕심 내지 않고 현명한 투자를 계속해 봐야겠다 |

as for me는 '나로 말하면', '내 경우에는'이라는 뜻입니다. 타인과는 다른 자신의 생각이나 입장을 말할 때 쓰죠. disciplined는 규율이 갖춰지고 절제된 태도를 의미합니다. stay disciplined는 감정에 흔들리지 않고 규칙과 원칙을 지킨다는 뜻인데, 투자자의 바른 태도를 말할 때 자주 등장하는 표현이죠. smart, long-term investing은 현명하고 장기적인 투자 태도를 말합니다.

Quick Quiz

1 주식투자에 입문한 지 벌써 1년이 넘었다.

It's been over a year since I ______ into the world of stock investing.

2 월급만으로는 미래를 준비하기 힘들다고 느끼다 보니, 주식투자를 한다.

The sense that a salary alone won't ______ the future has driven many of us into the market.

3 처음에는 망설여졌다.

I was a bit ______ at first.

4 최근에 인공지능 관련 주식들이 급등하면서 덕을 좀 보기도 했다.

Lately, the surge in AI-related stocks has even given me a ______ gain.

5 업무 보다 말고 몰래 나가서 주가 확인하는 직장인들 많다.

Plenty of office workers ______ away during the day to check prices.

답 **1.** stepped **2.** secure **3.** hesitant **4.** modest **5.** sneak

4~6월의 일기

4월 1일

요즘 업무에서 인공지능의 중요성이 커지고 있다❶. 처음엔 단순한 반복 업무를 대신해주는 수준이었는데, 이제는 문서 작성, 요약, 데이터 분석까지 다 인공지능에 의존한다. 업무에 활용된 지 몇 년 밖에 안 됐는데❷ 이 정도라면, 10년 후에는 도대체 어디까지 갈까❸ 싶다. 그때쯤이면 대부분의 사무직 일자리가 사라지는❹ 건 아닐까 하는 불안도 든다. 실제로 나도 키워드만 대충 던져주고 인공지능에게 맡긴다❺. 결과물은 나쁘지 않지만❻, 그만큼 내가 직접 고민하고 쓰는 시간이 줄어든다. 이러다 내 능력이 퇴보하는❼ 건 아닐까 걱정도 된다. 좋으면서도 겁이 나는 이 감정이 묘하다❽. 인공지능을 잘 활용하되, 내 능력도 함께 키우는❾ 게 중요한 것 같다.

Artificial intelligence has become an **integral part** of my work life. At first, it was limited to handling repetitive tasks, but now I depend on AI for writing documents, summarizing information, and analyzing data. It's only been a few years since AI **became part of the workflow**, yet I wonder **how far it will go** in the next decade. Sometimes I worry that most **white-collar jobs could disappear** by then. Even now, I often just **toss** a few keywords to the AI and **let it do the rest**. The result is pretty **solid**, but I spend less time thinking and writing on my own. I'm concerned that my skills might **deteriorate**. It's a **strange mix of** excitement and anxiety. I think the key is to use AI wisely while continuing to **sharpen** my own abilities.

❶ Artificial intelligence has become an integral part of my work life.

| 업무에서 인공지능의 중요성이 커지고 있다 |

integral part는 없어서는 안 될 필수적인 요소라는 뜻으로, 단순히 중요한 것 이상을 강조할 때 쓰입니다. 직장 생활은 life 앞에 work를 붙여 간단히 work life라고 할 수 있죠. 비슷한 방식으로 marriage life, family life, love life는 각각 결혼 생활, 가정 생활, 연애 생활을 가리킵니다.

❷ It's only been a few years since AI became part of the workflow.

| 업무에 활용된 지 몇 년 밖에 안 됐다 |

workflow는 업무 절차나 과정을 가리키죠. become part of the workflow가 '업무 과정에 포함되다', 즉 '인공지능이 업무에 활용되다'라는 말입니다.

❸ I wonder how far it will go in the next decade.

| 10년 후에는 도대체 어디까지 갈까 싶다 |

우리말로 '어디까지 갈지' 궁금하다고 했듯, 영어로도 그냥 go만으로 표현하면 됩니다. how far it will go는 어디까지 발전하거나 확장될지를 의미하는 표현이죠. '거리'의 비유를 쓰지 않는다면, I'm curious about how much progress it will make over the next decade.처럼 말해도 좋습니다. '발전하다'라는 뜻인 make progress를 활용하는 거죠.

❹ I worry that most white-collar jobs could disappear by then.

| 대부분 사무직 일자리가 사라질까 걱정도 된다 |

블루칼라와 대비되는 사무직 일자리는 white-collar jobs라고 하면 되죠. by then은 '그 시점까지'라는 의미로, 미래의 어느 시점에 상황이 달라짐을 말할 때 활용하면 됩니다.

❺ I often just toss a few keywords to the AI and let it do the rest.

| 키워드만 던져주고 인공지능에게 맡긴다 |

toss는 '던지다'라는 의미인데, 가볍게 던져준다는 뉘앙스를 지니죠. 나머지를 인공지능이 하도록 맡기는 것이므로 사역동사 let을 활용해 let it do the rest(나머지를 하도록 하다)라고 표현했습니다.

❻ The result is pretty solid.

| 결과물은 나쁘지 않다 |

여기서 pretty solid는 '꽤 괜찮다', '안정적이다'라는 의미로, 결과물의 품질을 긍정적으로 평가하는 표현입니다. solid는 '단단하다'라는 본래 의미에서 발전해, 믿을 만하고 튼튼하다는 뜻으로도 쓰입니다.

❼ I'm concerned that my skills might deteriorate.

| 내 능력이 퇴보하는 건 아닐까 걱정된다 |

deteriorate는 상태가 점점 나빠진다는 의미로, 능력이나 건강, 상황 등 다양한 맥락에서 활용됩니다. 능력이 거꾸로 간다는 의미에서 I'm concerned that my skills might go backward.라고 해도 '퇴보'를 표현하죠. 약화되거나 후퇴한다는 의미로 I'm concerned that my skills might weaken/fade.처럼 표현해도 좋습니다.

❽ It's a strange mix of excitement and anxiety.

| 좋으면서도 겁이 나는 이 감정이 묘하다 |

뭔가가 섞여 있는 것을 mix라고 하죠. 여기서 a strange mix는 서로 다른 감정이 섞여 있는 복잡한 상태를 표현합니다. 긍정적인 기대와 설렘은 excitement, 불안이나 두려움은 anxiety로 표현할 수 있죠. 좀 더 평이하게 It's both exciting and a little stressful at the same time(기대가 되면서 스트레스도 있다).라고 표현해도 좋죠.

❾ I think the key is to use AI wisely while continuing to sharpen my own abilities.

| 인공지능을 잘 활용하되, 내 능력도 함께 키우는 게 중요한 것 같다 |

능력을 개발한다고 할 때 가장 먼저 생각나는 동사는 develop이죠. 여기서는 능력을 날카롭게 다듬는다는 의미로 sharpen이라고 했습니다. 날카롭게 한다는 의미를 지닌 동사에 hone도 있죠. hone a knife라고 하면 칼을 간다는 뜻이고, hone skills는 능력을 키운다는 말입니다.

Quick Quiz

1 업무에서 인공지능의 중요성이 커지고 있다.

Artificial intelligence has become an ______ part of my work life.

2 업무에 활용된 지 몇 년 밖에 안 됐다.

It's only been a few years since AI became part of the ______.

3 10년 후에는 도대체 어디까지 갈까 싶다.

I wonder how far it will ______ in the next decade.

4 결과물은 나쁘지 않다.

The result is pretty ______.

5 좋으면서도 겁이 나는 이 감정이 묘하다.

It's a strange ______ of excitement and anxiety.

답 **1.** integral **2.** workflow **3.** go **4.** solid **5.** mix

4월8일

요즘 업무 시간에 왜 이렇게 졸린지 모르겠다. 봄 날씨 때문인지, 오후 3시에서 4시 사이만 되면 정신이 몽롱해지고❶ 눈꺼풀이 무겁다❷. 커피를 마셔도 잠깐뿐이다. 주변을 둘러보면 나만 그런 게 아니다❸. 앉은 채로❹ 잠든 사람도 가끔 보이고, 오늘은 단정한 여직원이 입을 벌리고 졸고 있는 모습을 보고❺ 속으로 웃음이 나왔다❻. 나는 졸릴 때 화장실로 피신한다❼. 변기 위에 앉아 잠깐 눈을 붙이면 그래도 조금은 나아진다. 물론 오래 있으면 안 된다. 변기에서 코골며 자다가❽ 걸려서 잘렸다는 계약직 얘기를 들은 적이 있는데, 그게 남 얘기 같지 않다❾. 봄날의 나른함은❿ 참 극복하기가 힘든 것 같다. 내일은 점심시간에 잠깐이라도 산책을 해봐야겠다. 조금이라도 몸을 움직이면 나아질지 모르니까.

I don't know why I'm feeling so sleepy during work hours lately. Maybe it's the spring weather, but between 3 and 4 PM, my **mind gets foggy** and my **eyelids grow heavy**. Coffee only helps for a short while. Looking around, I'm **not the only one**. I see people falling asleep **at their desks**. Today, I **spotted** a neatly dressed female colleague **nodding off** with her mouth slightly open, and I couldn't help but **chuckle**. When I get really drowsy, I **sneak off to** the restroom. Sitting on the toilet with my eyes closed for a few minutes helps a bit. Of course, I can't stay too long. I once heard about a temp worker who got fired for **snoring in a restroom stall**, and that story **feels all too real** to me. **Springtime drowsiness** is hard to beat. Tomorrow, I'm planning a quick lunchtime walk. A little movement might be just what I need to stay awake.

❶ My mind gets foggy.

| 정신이 몽롱해진다 |

foggy는 안개가 낀 흐릿한 상태처럼 정신이 맑지 않은 상황을 표현합니다. 그래서 My mind gets foggy.는 머리가 흐릿해지고 집중이 잘 안 되는 상태를 말하죠. 구름이 낀 듯하다는 cloudy, 역시 안개가 낀 듯하다는 hazy 모두 foggy 대신 쓸 수 있죠. 날씨의 비유를 활용하지 않는다면, 정신이 명료하지 않다는 의미로 unclear라고 할 수 있습니다.

❷ My eyelids grow heavy.

| 눈꺼풀이 무겁다 |

우리말을 그대로 옮겨 eyelid(눈꺼풀)이 heavy 해진다고 표현했죠. 달리 눈꺼풀이 밑으로 처지거나(droop) 내려온다는 의미에서 My eyelids start to droop. 혹은 간단하게 My eyes begin to close.처럼 말할 수도 있습니다.

❸ I'm not the only one.

| 나만 그런 게 아니다 |

'나뿐만이 아니다'는 I'm not the only one.으로 표현할 수 있죠. 혼자만이 아니라는 의미로 I'm not alone.이라고 해도 좋습니다.

❹ I see people falling asleep at their desks.

| 앉은 채로 잠든 사람도 있다 |

fall asleep은 잠에 빠져드는 모습을 일컫는 가장 일반적인 표현이죠. '앉은 채'라고 했지만 자기 자리에 앉아서 잠이 든다는 말이므로 at their desks라고 표현하면 충분합니다.

❺ I spotted a neatly dressed female colleague nodding off with her mouth slightly open.

| 단정한 여직원이 입을 벌리고 졸고 있는 모습을 봤다 |

spot은 어떤 모습을 포착한다는 뜻의 동사로 쓰입니다. '발견하다' 정도로 해석할 수 있죠. 단정하게 차려입은 상태를 묘사하기 위해 neatly를 활용했고, nod off는 꾸벅꾸벅 졸고 있다는 뜻입니다. nod가 고개를 끄덕인다는 의미이고, 달리 doze off라고 표현하기도 하죠. with her mouth slightly open은 입을 약간 벌린 상태를 묘사하고 있습니다.

❻ I couldn't help but chuckle.

| 속으로 웃음이 나왔다 |

웃는 모습을 묘사하는 동사도 여럿인데, chuckle은 소리 내지 않고 작게 웃는 모습, 참으려 애써도 저절로 나오는 낮은 웃음을 가리킵니다. 상황이 재미있어 저절로 웃음이 나온다는 의미를 효과적으로 표현하고 있죠.

❼ When I get really drowsy, I sneak off to the restroom.

| 나는 졸릴 때 화장실로 피신한다 |

졸음이 오는 상태를 나타내는 단어에 sleepy 말고 drowsy도 있습니다. sneak은 몰래 살금살금 이동한다는 뜻인데, 소멸이나 사라짐을 의미하는 off 를 붙여 sneak off라고 하면 몰래 자리를 피하거나 남들에게 들키지 않고 이동한다는 말이 됩니다. 회의, 수업, 사무실 등에서 몰래 빠져나가는 상황을 말할 때 등장하죠.

❽ a temp worker who got fired for snoring in a restroom stall.

| 변기에서 코골며 자다가 걸려서 잘렸다는 계약직 |

temp worker는 temporary worker의 준말로, 임시직/계약직 근로자를 말합니다. snore는 '코를 골다'라는 뜻이죠. in a restroom stall에서 stall은 칸으로 막혀 있는 작은 공간을 뜻하죠.

⑨ That story feels all too real to me.
| 그게 남 얘기 같지 않다 |

feel real은 리얼하게 느껴진다는 뜻이므로 '남 얘기 같지 않다', '공감이 되다'에 어울리는 표현이죠. 너무나도 현실적으로 느껴진다는 의미를 강조하기 위해 all too를 넣었습니다. 어떤 이야기가 내 이야기 같다고 할 때 쓰는 hit home이라는 표현도 있죠. The story really hits home for me.라고 해도 같은 뜻이 됩니다.

⑩ springtime drowsiness
| 봄날의 나른함 |

drowsiness는 앞서 설명한 drowsy의 명사형으로 '나른함'을 표현하기에 적당하죠. 봄에 느끼는 피로라는 의미에서 spring fatigue라고 해도 좋습니다.

Quick Quiz

1 정신이 몽롱해진다.

My mind gets ______.

2 나만 그런 게 아니다.

I'm not the only ______.

3 앉은 채로 잠든 사람도 있다.

I see people falling asleep ______ their desks.

4 단정한 여직원이 입을 벌리고 졸고 있는 모습을 봤다.

I spotted a neatly dressed female colleague ______ off with her mouth slightly open.

5 그게 남 얘기 같지 않다.

That story feels all too ______ to me.

답 **1.** foggy **2.** one **3.** at **4.** nodding **5.** real

4월20일

박대리는 나와 동갑인데❶, 요즘 세대 치고는❷ 일찍 결혼한 편이다. 벌써 아이도 있고, 퇴근하면 바로 육아 모드로 전환된다고❸ 한다. 박대리는 워라밸을 정말 철저하게 지킨다. 불가피하게 주말에 뭔가 해야 할 일이 생겨도, 단호하게 선을 긋는다❹. 나도 개인 생활과 직장 생활은 분리되어야 한다고 생각하지만, 그 정도는 아니다. 주말에라도 급한 일이 생기면 일도 하고 출근도 하는 게 직장인의 자세라고❺ 생각하는데, 박대리는 아닌 것 같다. 그의 단호함이 부럽기도❻ 하지만 한편으론 현실감각이 떨어진다는❼ 생각도 든다. 나만 바보같이 일에 끌려다니는 걸까. 워라밸이라는 말이 멋지게 들리지만, 실천은 어렵다❽. 어쩌면 인정받는 직장인이 되기를 포기하고 누리는 일종의 사치는❾ 아닐지. 내가 너무 올드한 생각을❿ 하는 건지 모르겠다.

My co-worker Park is **the same age as me**, but **by today's standards**, he got married early. He's already a father, and once the workday ends, he **shifts straight into parenting mode**. He's extremely strict about maintaining a work-life balance. Even when something urgent comes up on the weekend, he **draws a firm line**. I also believe personal and professional life should be separate, but I'm not that rigid. To me, **showing up and getting the job done** even on weekends, if something urgent arises, is **part of being a professional**. Park doesn't seem to agree. Sometimes I **admire** his **discipline**, but other times I wonder if he's **out of touch with reality**. Am I the only one being dragged around by work like a fool? "Work-life balance" sounds great, but **living it out is another story**. Maybe it's a **luxury** that comes with giving up **being recognized** at work. Or maybe I'm just stuck in an **old-school mindset**.

❶ My co-worker Park is the same age as me.
| 박대리는 나와 동갑이다 |

'나와 나이가 같다'는 same age as me라고 합니다. same age with me라고 전치사 with를 쓰는 경우가 많은데, 어색하게 들리니 주의해야 합니다.

❷ By today's standards, he got married early.
| 요즘 세대 치고는 일찍 결혼한 편이다 |

by today's standards는 '오늘날의 기준으로 보면'이라는 뜻입니다. 기준이나 근거를 말할 때 전치사 by를 활용하죠. 예를 들어, '어떤 기준으로 보든 그가 틀렸다'는 By any standard, he's wrong.처럼 말할 수 있습니다.

❸ Once the workday ends, he shifts straight into parenting mode.
| 퇴근하면 바로 육아 모드로 전환된다 |

여기처럼 once는 '일단 ~하면', '~하자마자'라는 뜻의 접속사로도 쓰이죠. '퇴근하다'에 해당하는 영어 표현도 다양한데, 여기처럼 근무일(workday)이 끝나다(end)라고 표현해도 좋습니다. shift가 전환을 표현하므로 shifts straight into는 '곧바로 ~로 전환한다'는 뜻이 됩니다.

❹ He draws a firm line.
| 단호하게 선을 긋는다 |

우리말 '선을 긋다'가 한계를 설정하거나 더 이상 허용하지 않음을 의미하는데, 영어도 마찬가지입니다. firm을 넣어 단호하게 긋는다는 의미를 강조하고 있죠.

❺ Showing up and getting the job done even on weekends, if something urgent arises, is part of being a professional.

| 주말에라도 급한 일이 생기면 일도 하고 출근도 하는 게 직장인의 자세다 |

show up은 직접 나타난다는 뜻이죠. 여기서는 회사에 나타나는 것, 즉 출근하는 것을 말합니다. 일을 끝낸다고 할 때 finish the job처럼 표현해도 좋지만 get the job done처럼 소위 5형식으로 표현하는 일이 잦습니다. arise가 어떤 일이 일어난다는 뜻의 동사이므로, if something urgent arises는 '급한 일이 생기면'이라는 뜻입니다. '직장인의 자세'는, 여기처럼 '직장인임의 일부(part of being a professional)'라고 하면 의미가 잘 전달되죠.

❻ Sometimes I admire his discipline.

| 그의 단호함이 부럽다 |

'부럽다'를 흔히 I envy him.처럼 옮기는데, 부자연스러울 수 있습니다. envy는 질투 느낌의 부러움을 말하므로, 여기처럼 다른 사람의 장점이 부럽다고 할 때는 존경한다는 뜻인 admire가 더 적절합니다. discipline은 규율이나 자기 통제력을 뜻하며, 자기 절제와 꾸준함을 강조합니다. 그래서 I admire his discipline.이라고 하면 그의 단호하고 자기 통제적인 태도를 부러워한다는 의미가 되죠.

❼ But other times I wonder if he's out of touch with reality.

| 현실감각이 떨어진다는 생각도 든다 |

but other times는 '그러나 다른 때에는'이라는 뜻으로, 상황에 따라 달라지는 나의 시각을 나타냅니다. out of touch는 특정 상황이나 흐름을 따라가지 못할 때 쓰는 표현이죠. out of touch with reality는 현실과 동떨어져 있다는 말로, '현실감각이 떨어진다'는 우리말과 잘 어울리죠.

8 Work-life balance sounds great, but living it out is another story.

| 워라밸이라는 말이 멋지게 들리지만, 실천은 어렵다 |

'워라밸'은 work-life balance를 줄여 표현한 말이죠. '듣기에는 근사하다'는 sounds great이라고 표현할 수 있습니다. live it out은 '실제로 그것을 살아내다'라고 직역할 수 있죠. 결국 '실천'이나 '실행'을 가리키게 됩니다. ~ is another story는 '전혀 다른 이야기'라는 뜻이므로, 말과 현실의 차이를 강조하는 표현이 됩니다..

9 Maybe it's a luxury that comes with giving up being recognized at work.

| 인정받는 직장인이 되기를 포기하고 누리는 일종의 사치다 |

luxury는 '사치'를 뜻하죠. 여기처럼 '과도한 여유'를 말할 때도 활용할 수 있습니다. come with는 '~와 함께 따라온다'이므로, 어떤 결과가 생긴다고 할 때 유용한 동사 표현입니다. 직장에서 인정받는 것은 앞서 설명했듯 recognize와 acknowledge로 표현하면 적당합니다.

10 Or maybe I'm just stuck in an old-school mindset.

| 내가 너무 올드한 생각을 하는 건지 모르겠다 |

be stuck in은 ~에 끼여 있거나 갇혀 있다는 표현으로, 벗어나기 어려운 상태를 강조합니다. '올드하다'를 old-school이라고 표현했는데, school이 들어갔지만 학교와 무관한 상황에도 활용합니다. 시대에 뒤떨어진 것, '구식'을 표현할 때 쓰죠. mindset은 사고방식이나 태도를 의미하므로, 관점과 가치관을 설명할 때 적절한 단어입니다. 우리가 흔히 쓰는 '~하는 마인드를 지녔다'라고 할 때의 '마인드'는 mind가 아니라 mindset이라고 표현해야 자연스럽습니다.

Quick Quiz

1 박대리는 나와 동갑이다.

My co-worker Park is the same age ______ me.

2 요즘 세대 치고는 일찍 결혼한 편이다.

______ today's standards, he got married early.

3 단호하게 선을 긋는다.

He draws a ______ line.

4 현실감각이 떨어진다는 생각도 든다.

But other times I wonder if he's ______ ______ ______ with reality.

5 워라밸이라는 말이 멋지게 들리지만, 실천은 어렵다.

Work-life balance sounds great, but ______ it ______ is another story.

답 **1.** as **2.** By **3.** firm **4.** out of touch **5.** living, out

5월4일

친구 결혼식에 다녀왔다. 부모님 세대 때는 서른이면 다들 결혼하는 분위기였다고❶ 하지만, 요즘은 그렇지 않다. 내게 결혼은 아직 먼 이야기처럼 느껴진다❷. 더 좋은 사람 만나기 어려울 것 같다며 일찍 결혼한 친구들도 있다. 그런 친구를 보면 대단하다는 생각이 든다❸. 오늘 결혼한 친구도 참 용기 있는 결정을 했다는 생각이 들었다. 요즘 같은 시대에 결혼은 연애의 종착역이 아니다❹. 많은 조건이 충족되어야만 가능하다❺. 이 친구도 집 문제 같은 현실적인 부분은 부모님의 도움이 컸다고 하니, 그런 지원 없이는 쉽지 않았을 것이다❻. 오늘 친구의 웃는 얼굴을 보며, 나도 언젠가 저런 날이 올까❼ 생각해봤다. 마음 한 켠엔 나도 인생을 누군가와 함께 하고 싶다는 바람이 있다❽. 친구의 결혼보다 내 자신의 결혼에 대해 더 생각해 본❾ 하루였다.

I went to a friend's wedding today. Back in our parents' generation, getting married by thirty was the **norm**, but that's no longer the case. For me, marriage still feels like something **far off**. Some of my friends got married early, saying they didn't think they'd find anyone better. I **admire their decisiveness**. The friend who tied the knot today also made a brave choice, I think. These days, marriage isn't the natural **endpoint** of a relationship anymore. There are so many conditions that have to be met. In my friend's case, his parents played a big role in solving practical issues like getting a house, and without that kind of support, it **might not have happened**. Watching my friend smile so brightly made me wonder if **I'll ever have a day like that**. **Deep down**, I do want to share my life with someone. Today made me **reflect on** my own thoughts about marriage, instead of celebrating my friend's wedding.

❶ Back in our parents' generation, getting married by thirty was the norm.

| 부모님 세대 때는 서른이면 다들 결혼하는 분위기였다 |

과거 특정 시점을 회상하기 위해 back in our parents' generation처럼 back을 활용했죠. the norm은 보편적인 관습이나 기준을 말하죠. 어떤 것이 표준이었다는 뜻이고, 사회적으로 당연하게 여겨졌음을 강조합니다.

❷ For me, marriage still feels like something far off.

| 내게 결혼은 아직 먼 이야기다 |

far off는 멀리 떨어져 있다는 뜻이죠. 물리적 거리뿐 아니라 여기처럼 시간적 거리를 표현할 때도 쓰입니다. 심리적 거리를 표현하기도 해서, 가령 His mind feels far off from the conversation.라고 하면 '그의 생각은 대화와 동떨어져 있는 것 같다'라는 뜻이죠.

❸ I admire their decisiveness.

| 그런 친구를 보면 대단하다는 생각이 든다 |

앞에서 '부럽다'를 admire로 표현했는데, 여기도 마찬가지죠. 대단하게 생각하거나 부럽다는 의미입니다. decisiveness는 '결단력'이라는 뜻으로, 빠르고 확고한 선택을 하는 능력을 강조하죠.

❹ These days, marriage isn't the natural endpoint of a relationship anymore.

| 요즘 같은 시대에 결혼은 연애의 종착역이 아니다 |

endpoint는 말 그대로 '종착점'을 가리키죠. 목적지를 뜻하는 destination을 활용해도 좋습니다. 연애의 결론이 결혼은 아니라는 뜻이니, '결론'을 뜻하는 conclusion, outcome을 활용해서 다음과 같이 표현해도 되죠. Marriage isn't the natural conclusion of a relationship. Marriage isn't the natural outcome of a relationship.

5 There are so many conditions that have to be met.

| 많은 조건이 충족되어야 결혼이 가능하다 |

조건을 만족시킨다고 할 때 meet the conditions처럼 동사 meet이 잘 어울립니다. 대신 satisfy, fulfill을 활용해도 좋죠.

6 Without that kind of support, it might not have happened.

| 부모님 지원 없이는 쉽지 않았을 것이다 |

without that kind of support는 '그런 지원이 없었다면'이라는 뜻이죠. '그런 일이 일어나지 않았을 것'은, 소위 가정법 과거 완료 구문으로 might not have happened라고 했습니다. 과거에 일어나지 않았을 일을 말하기 때문에 might 다음에 have happened와 같은 완료형을 활용해야 합니다.

7 Watching my friend smile so brightly made me wonder if I'll ever have a day like that.

| 친구의 웃는 얼굴을 보며, 나도 언젠가 저런 날이 올까 생각해봤다 |

make me wonder는 나로 하여금 궁금하게 만들었다는 뜻으로, 어떤 상황이 생각을 불러일으킨다고 할 때 유용합니다. if I'll ever는 '내가 과연 언젠가 ~할지', have a day like that은 '그런 날을 갖게 될지'로 해석하면 되죠.

8 Deep down, I do want to share my life with someone.

| 마음 한 켠엔 나도 인생을 누군가와 함께 하고 싶다는 바람이 있다 |

deep down은 '마음 깊은 곳에서는'이라는 뜻으로, 내면의 진짜 감정을 표현할 때 자주 쓰이는 표현이죠. 달리 In the corner of my heart, I know I want to share my life with someone.처럼 말할 수도 있죠. 말 그대로 '마음 한 켠'을 corner of my heart라고 표현하는 것입니다.

9 **Today made me reflect on my own thoughts about marriage, instead of celebrating my friend's wedding.**
| 친구의 결혼보다 내 자신의 결혼에 대해 더 생각해 본 하루였다 |

reflect on은 어떤 주제에 대해 깊이 생각하거나 성찰한다는 뜻이죠. reflect on my own thoughts about marriage는 결혼에 대한 내 생각을 되짚어본다는 말입니다.

Quick Quiz

1 내게 결혼은 아직 먼 이야기다.

For me, marriage still feels like something far ______.

2 요즘 같은 시대에 결혼은 연애의 종착역이 아니다.

These days, marriage isn't the natural endpoint of a ______ anymore.

3 많은 조건이 충족되어야 결혼이 가능하다.

There are so many conditions that have to be ______.

4 부모님 지원 없이는 쉽지 않았을 것이다.

Without that kind of support, it ______ ______ ______ happened.

5 마음 한 켠엔 나도 인생을 누군가와 함께 하고 싶다는 바람이 있다.

______ ______, I do want to share my life with someone.

답 **1.** off **2.** relationship **3.** met **4.** might not have **5.** Deep down

5월7일

어버이날 선물을 준비하면서, 부모님에 대해 생각해 본다. 부모님께 감사드리지만, 솔직히 부모님이 내 개인 일에 조금만 덜 참견하셨으면 좋겠다는❶ 마음도 크다. 걱정하시는 마음은 이해하지만, 솔직히 거의 도움이 안 되신다. 그래서 결국 나도 거짓말을 하게 된다❷. 나도 이제 서른이고, 내 스스로 선택하고 책임지고❸ 싶다. 몇 년 전까지만 해도❹ 부모님과 많은 것을 공유하고, 무엇이든 숨길 필요가 없다고 생각했는데, 지금은 거리가 필요하다는❺ 걸 느낀다. 독립이라는 건 단지 경제적인 문제만은 아니다❻. 감정적으로도, 판단하는 데 있어서도 스스로 설 수 있어야❼ 독립이다. 얼마 전에도 어쩔 수 없이 부모님께 거짓말을 했다. 마음이 편하진 않았지만, 그게 최선이었다고 믿고 싶다❽. 나 자신을 위해, 또 부모님을 위해, 어쩔 수 없는 선택을 했다고 믿고 싶다.

Preparing a Parents' Day gift, I thought about my relationship with my parents. I'm grateful to them, of course, but to be honest, I often wish they'd **step back a little from my personal life**. I understand their concern comes from love, but it's rarely helpful. As a result, I **end up telling white lies**. I'm thirty now, and I want to make my own choices and **take responsibility for** them. **Up until a few years ago**, I felt no need to hide anything and shared everything with my parents. But now, I realize I need some **distance**. Independence **isn't just about** finances. It's about emotional and decision-making **autonomy** too. Not long ago, I had to lie to them again. It didn't **sit well with** me, but I want to believe it was the right **call**. I want to think it was something I did not just for myself, but for my parents as well.

❶ I often wish they'd step back a little from my personal life.

| 부모님이 내 개인 일에 조금만 덜 참견하셨으면 좋겠다 |

'간섭하다'라는 뜻인 intervene을 활용해 I often wish they wouldn't intervene so much in my personal life.처럼 표현해도 되죠. 여기서는 '간섭'이나 '참견'이라는 말을 쓰지 않고, step back a little, 즉 조금 물러선다고 표현했습니다. step back from my life라고 하면, 내 삶에서 물러선다는 말이므로, 결국 참견하지 않는다는 뜻이 되죠.

❷ I end up telling white lies.

| 결국 나도 거짓말을 하게 된다 |

white lies는 해를 끼치지 않는 사소한 거짓말을 가리키죠. 우리말 '선의의 거짓말'에 해당하는 표현입니다. 달리 harmless lies(해가 안 되는 거짓말) 혹은 small lies(작은 거짓말)이라고 표현하기도 합니다.

❸ I want to make my own choices and take responsibility for them.

| 내 스스로 선택하고 책임지고 싶다 |

책임을 진다고 할 때 responsibility와 어울리는 동사는 take입니다. take 대신, 짐을 지거나 책임을 맡는다는 뜻인 bear, shoulder, assume 같은 동사를 활용해도 되죠.

❹ Up until a few years ago, I felt no need to hide anything and shared everything with my parents.
| 몇 년 전까지만 해도 부모님과 많은 것을 공유하고, 무엇이든 숨길 필요가 없다고 생각했다 |

'몇 년 전'을 a few years ago라고 하므로, '몇 년 전까지'는 until을 붙여 until a few years ago라고 할 수 있습니다. until 앞에 up까지 붙여 up until이라고 하면 특정 시점까지 시간이 쭉 이어진 것을 더 강조하게 되죠.

❺ I realize I need some distance.
| 지금은 거리가 필요하다는 걸 느낀다 |

'거리'를 의미하는 distance는 물리적 거리뿐 아니라 심리적/정서적 거리를 나타낼 수도 있죠.

❻ Independence isn't just about finances.
| 독립이라는 건 단지 경제적인 문제만은 아니다 |

isn't just about ~은 '~에 관한 것만은 아니다'라고 직역할 수 있는데, 어떤 개념이 특정 요소에만 국한되지 않음을 설명할 때 쓰입니다. about으로 '개념'이나 '본질'을 표현하고 있죠.

❼ It's about emotional and decision-making autonomy too.
| 감정적으로도, 판단하는 데 있어서도 스스로 설 수 있어야 독립이다 |

여기서도 독립의 '개념'을 설명하기 위해 it's about을 활용하고 있죠. autonomy가 '자치'를 뜻하므로, emotional autonomy는 감정적인 독립, decision-making autonomy는 의사결정에서의 독립성을 뜻합니다.

❽ It didn't sit well with me, but I want to believe it was the right call.

| 마음이 편하진 않았지만, 그게 최선이었다고 믿고 싶다 |

sit well은 '같이 잘 앉아 있다'라고 직역할 수 있죠. 실제 앉아 있는 상태가 아니라, 감정적으로 받아들여지거나 편안하게 느껴지는지를 표현합니다. 그래서 it didn't sit well with me는 '내 마음에 편하지 않았다', '불편하게 느껴졌다'라는 뜻으로, 감정적 갈등을 나타내죠. it was the right call에서 call은 '결정'이나 '선택'을 말합니다. 그것이 올바른 결정이었다는 뜻이죠.

Quick Quiz

1 부모님이 내 개인 일에 조금만 덜 참견하셨으면 좋겠다.

I often wish they'd ______ ______ a little from my personal life.

2 결국 나도 거짓말을 하게 된다.

I end up telling ______ lies.

3 내 스스로 선택하고 책임지고 싶다.

I want to make my own choices and ______ responsibility for them.

4 몇 년 전까지만 해도 부모님과 많은 것을 공유하고, 무엇이든 숨길 필요가 없다고 생각했다.

______ ______ a few years ago, I felt no need to hide anything and shared everything with my parents.

5 마음이 편하진 않았지만, 그게 최선이었다고 믿고 싶다.

It didn't sit well with me, but I want to believe it was the right ______.

답 **1.** step back **2.** white **3.** take **4.** up until **5.** call

5월24일

가끔 정말 아무것도 안 하는 주말이 있다. TV를 켜놓고 소파에 누워서 절대적인 자유와 게으름을 만끽한다❶. 이런 시간에 대해 죄책감이 느껴지기도 했지만❷, 이제는 오히려 나를 더 생산적으로 만들어주는 재충전의 시간이라는❸ 걸 알게 됐다. 아무것도 하지 않음으로써 몸도 쉬고 머릿속이 정리되고❹, 마음도 편해진다❺. 이런 무의미해 보이는❻ 시간이 사실은 가장 의미 있는 시간일지도 모른다. 누구와도 비교하지 않고, 아무것도 증명하지 않아도 되는❼ 시간이다. 항상 누릴 수 없는 소중한 시간이다. 누군가 말하지 않았던가. 게으름도 용기라고❽. 나를 위해 용기를 내는 이런 주말이 있어 좋다.

There are weekends when I do absolutely nothing. I turn on the TV, lie on the couch, and **indulge in** pure freedom and laziness. I used to feel **guilty** about these moments, but now I realize they're actually a positive form of **recharge** that makes me more productive. By doing nothing, my body rests, my **mind clears**, and my **heart feels at ease**. These **seemingly** meaningless hours might be the most meaningful of all. They are completely **free from** comparison, and free from the need to prove anything. It's a rare and precious kind of time. **Didn't someone once say** that laziness **takes** courage? I'm glad I have weekends like this, when I choose to be brave for myself.

❶ I indulge in pure freedom and laziness.
| 절대적인 자유와 게으름을 만끽한다 |

indulge in은 자신을 위한 즐거움이나 만족을 누릴 때 쓰는 표현입니다. '마음껏 즐기다', '빠져들다', '탐닉하다'라고 번역하죠. 제약 없이 하는 행동을 표현할 때 쓰면 됩니다.

---

❷ I used to feel guilty about these moments.
| 이런 시간에 대해 죄책감이 느껴지기도 했다 |

guilty는 '유죄'뿐 아니라 '죄책감'을 일컫기도 합니다. 어떤 행동이나 상황에 대해 마음이 편치 않음을 드러낼 때 쓰면 됩니다.

---

❸ Now I realize they're actually a positive form of recharge that makes me more productive.
| 오히려 나를 더 생산적으로 만들어주는 재충전의 시간이라는 걸 알게 됐다 |

전자기기이든 사람이든 '재충전'은 모두 recharge로 표현할 수 있습니다. '재충전의 시간'은 에너지가 생기게 하는(energize) 휴식시간(break)을 말하므로, Now I realize those breaks actually energize me and make me more productive.처럼 표현해도 좋습니다.

---

❹ My mind clears.
| 머릿속이 정리된다 |

my mind clears는 머릿속이 맑아진다는 말로, 복잡한 생각이 정리되고 집중력이 회복되는 상태를 나타냅니다. My mind clears up.이라고 해도 같은 의미가 됩니다.

❺ My heart feels at ease.
| 마음도 편해진다 |

at ease는 긴장이 풀리고 편안한 상태를 설명합니다. My heart feels at ease. 라고 하면 마음이 편안해진다는 표현으로, 정서적 안정과 평화를 강조합니다. 주어를 '나'로 잡아서 I feel relaxed., I'm at peace.와 같이 말해도 되죠.

❻ These seemingly meaningless hours might be the most meaningful of all.
| 무의미해 보이는 시간이 사실은 가장 의미 있는 시간이다 |

seemingly는 '겉으로 보기에'라는 의미죠. seemingly meaningless라고 했으므로, 겉보기에는 무의미해 보인다는 뜻이고, 실제로는 그렇지 않다는 사실을 말하고 있습니다.

❼ They are completely free from comparison, and free from the need to prove anything.
| 누구와도 비교하지 않고, 아무것도 증명하지 않아도 되는 시간이다 |

be free from ~은 '~로부터 자유롭다'는 말도 되지만, '~이 없다'는 뜻도 됩니다. 가령 This product is free from artificial colors.라고 하면, '이 상품에는 인공 색소가 없다'라는 말이 됩니다. 비교하지 않고 증명하지 않는 상황도 be free from ~으로 표현할 수 있죠.

❽ Didn't someone once say that laziness takes courage?

| 누군가 말하지 않았던가, 게으름도 용기라고 |

didn't someone once say는 '누군가 예전에 말하지 않았던가'라는 뜻으로, 인용이나 회상을 표현하기에 적합하죠. laziness takes courage는 '게으름에는 용기가 필요하다'라고 해석할 수 있습니다. take는 어떤 것이 필요하거나 요구된다는 뜻이죠.

Quick Quiz

1 절대적인 자유와 게으름을 만끽한다.

I ______ in pure freedom and laziness.

2 이런 시간에 대해 죄책감이 느껴지기도 했다.

I used to feel ______ about these moments.

3 머릿속이 정리된다.

My mind ______.

4 무의미해 보이는 시간이 사실은 가장 의미 있는 시간이다.

These ______ meaningless hours might be the most meaningful of all.

5 누군가 말하지 않았던가. 게으름도 용기라고.

Didn't someone once say that laziness ______ courage?

답 **1.** indulge **2.** guilty **3.** clears **4.** seemingly **5.** takes

6월1일

요즘 아침마다 옷 고르기가 참 애매하다❶. 나는 원래 패션에 관심 있는 편은 아니다❷. 그래도 직장인으로서 최소한의 단정함과 스타일은 갖춰야 한다고❸ 생각한다. 문제는 날씨가 들쭉날쭉하다는❹ 거다. 5월부터 여름처럼 더워지더니, 6월 초인데도 한낮엔 햇볕이 8월처럼 쨍쨍하다❺. 그렇다고 반팔만 입기엔 아침 저녁으로는 또 쌀쌀한❻ 날이 있다. 출근길에 보면 반팔 입은 사람도 있고, 재킷 입은 사람도 있다. 다들 각자 체감하는 대로 입는 것 같지만, 나는 아직 기준을 못 잡겠다❼. 이럴 땐 진짜 옷 잘 입는 사람들이 부럽다❽. 계절과 온도, 분위기까지 다 고려해서 입는 것 같다❾. 나도 조금은 신경 써야겠다는 생각이 든다. 적어도 '날씨에 맞게 입는다'는 기본은 지켜야 하지❿ 않겠나.

Lately, choosing what to wear each morning has become **tricky**. I'm **not** particularly **into** fashion, but as a working professional, I **believe in** maintaining a basic level of **neatness and style**. The real challenge is the **unpredictable** weather. May already felt like summer, and now, in early June, the **midday sun feels like August**. But short sleeves alone aren't enough, because mornings and evenings can still be a bit **chilly**. On my commute, I see people in short-sleeved shirts and in jackets. Everyone seems to dress based on how they personally feel, but I haven't **figured out my own standard** yet. I really **admire** people who **dress well**. They seem to consider the season, temperature, and even the **mood** of the day when choosing their outfits. I think I should start paying a bit more attention too. At the very least, I should **follow the basic rule** of dressing **appropriately** for the weather.

❶ Lately, choosing what to wear each morning has become tricky.
| 요즘 아침마다 옷 고르기가 참 애매하다 |

tricky는 애매하고 까다로운 것을 묘사하는 단어죠. 어렵다는 뜻의 difficult, challenging보다 애매한 특성을 강조하는 단어입니다. 달리, Choosing what to wear each morning is not an easy task.처럼 '옷 고르기가 쉽지 않다'라고 표현해도 되죠.

❷ I'm not particularly into fashion.
| 패션에 관심 있는 편은 아니다 |

into는 어떤 것을 좋아하고 빠져 있는 모습을 말합니다. not particularly into라고 했으므로 '그다지 ~에 빠져 있지 않다', '특별히 ~에 관심 있는 건 아니다'라는 뜻이 되죠.

❸ As a working professional, I believe in maintaining a basic level of neatness and style.
| 그래도 직장인으로서 최소한의 단정함과 스타일은 갖춰야 한다고 생각한다 |

'직장인'을 근사하게 이르는 표현으로 working professional이 유용합니다. '전문적 능력을 지닌 직장인'의 뉘앙스로 활용하면 되죠. believe와 달리 believe in은 어떤 것의 가치나 중요성을 믿는다는 뜻이죠. 우리말은 '~해야 한다고 생각한다'이지만 단정함과 스타일의 가치와 중요성을 생각한다는 뜻이므로 believe in이 잘 어울립니다. 단정한 모습을 묘사하는 형용사가 neat이므로 '단정함'은 neatness라고 할 수 있죠.

❹ The real challenge is the unpredictable weather.
| 문제는 날씨가 들쭉날쭉하다는 거다 |

the real challenge는 '진짜 어려움'이라는 뜻으로, 가장 큰 문제를 강조할 때 쓰면 됩니다. 예상할 수 없다는 의미인 unpredictable을 활용해, 들쭉날쭉하고 변

덕스러운 날씨를 표현하고 있죠. fickle weather라고도 하는데, 이 경우 fickle은 변덕스럽다는 뜻입니다.

❺ The midday sun feels like August.

| 한낮엔 햇볕이 8월처럼 쨍쨍하다 |

한낮의 햇볕이니 midday sun이라고 했죠. mid-가 '중간'을 표현하므로, 하루 중 가장 강렬한 햇빛을 강조합니다.

❻ Mornings and evenings can still be a bit chilly.

| 아침 저녁으로는 또 쌀쌀한 날이 있다 |

chilly는 '쌀쌀한'에 잘 어울리는 단어입니다. 그런 상황이 반복되므로 mornings and evenings처럼 복수형으로 표현하는 것이 자연스럽습니다.

❼ I haven't figured out my own standard yet.

| 나는 아직 기준을 못 잡겠다 |

figure out은 알아내거나 해결한다는 뜻으로 두루 쓰이는 구동사죠. 나만의 기준을 찾아낸다는 의미이므로 find out my own standard라고 표현했습니다.

❽ I really admire people who dress well.

| 옷 잘 입는 사람들이 부럽다 |

여기서도 '부럽다'는 시기한다는 뉘앙스를 지닌 envy가 아니라 존경한다는 뜻인 admire가 더 바람직합니다. '옷을 잘 입다'는 dress well이라고 할 수 있죠. 명사 중심으로 표현한다면 I admire good/stylish dressers. 혹은 I really admire sharp dressers.라고 할 수 있습니다. sharp dresser는 옷을 잘 입는 사람을 말하죠.

❾ They seem to consider the season, temperature, and even the mood of the day when choosing their outfits.

| 계절과 온도, 분위기까지 다 고려해서 입는 것 같다 |

'분위기'에 해당하는 단어로 mood와 atmosphere가 있는데, 의미에 차이가 있습니다. atmosphere는 외적인 환경의 분위기를 말하고 mood는 특정 atmosphere에서 느껴지는 분위기나 기분을 말하죠. 그날 느껴지는 기분에 맞춰 입는다는 말이므로 여기서는 mood가 더 적절합니다.

❿ I should follow the basic rule of dressing appropriately for the weather.

| '날씨에 맞게 입는다'는 기본은 지켜야 한다 |

'따르다'라는 뜻인 follow는 원칙을 따른다는 뜻으로도 쓰이죠. '적절하게'라는 뜻인 appropriately는 상황에 맞는 행동을 설명할 때 빈번히 쓰입니다. 그래서 dress appropriately for the weather는 날씨에 맞게 옷을 입는다는 표현이 됩니다.

Quick Quiz

1 요즘 아침마다 옷 고르기가 참 애매하다.

Lately, choosing what to wear each morning has become ______.

2 패션에 관심 있는 편은 아니다.

I'm not particularly ______ fashion.

3 문제는 날씨가 들쭉날쭉하다는 거다.

The real challenge is the ______ weather.

4 옷 잘 입는 사람들이 부럽다.

I really ______ people who dress well.

5 계절과 온도, 분위기까지 다 고려해서 입는 것 같다.

They seem to consider the season, temperature, and even the ______ of the day when choosing their outfits.

답 **1.** tricky **2.** into **3.** unpredictable **4.** admire **5.** mood

6월15일

요즘 상반기 업무 성과 정리 보고서 때문에 정신이 없다❶. 하루 종일 엑셀과 파워포인트만 붙잡고 있다❷. 물론 한 해의 반을 지나며 성과를 돌아보고 전략을 짜는 건 필요하다고❸ 생각한다. 하지만 이 업무에 이렇게 많은 시간을 들여야 하는지는 솔직히 의문이다. 연간 보고서는 그렇다 치자. 6개월 단위로 또 쪼개서 근사한 보고서를 만드는❹ 게 과연 효율적인가? 내가 윗사람이 된다면❺ 이런 비생산적인 보고서 작성 문화는 확 줄일 거다❻. 물론 지금은 그런 결정을 내릴 위치가 아니지만, 늘 그런 생각을 해 본다. 시스템에 다 기록돼 있는 내용을 예쁘게 포장해서 보여줘야만 인정받는❼ 구조가 아쉽다. 그래도 내가 맡은 역할이니 어쩔 수 없다❽. 빨리 보고서 작업이 끝나서 숨통이 좀 트이면❾ 좋겠다.

Lately, I've **been swamped with** preparing the mid-year performance report. I'**m glued to** Excel and PowerPoint all day. I do think it's important to **assess** progress and **plan** strategies, **halfway through the year**. But honestly, I question whether this task really deserves so much time. Annual reports make sense, but **breaking things down into six-month intervals** and creating another **polished** report? How efficient is that, really? **If I were in a leadership position**, I'd definitely **cut back on** this kind of unproductive reporting culture. Of course, I'm not in a place to make those calls yet, but I think about it very often. It's frustrating that we have to **package** data that's already in the system just **to be recognized**. Okay, this is my responsibility, so I'll **see it through**. I just hope I can **breathe a little easier** once it's over.

❶ **Lately, I've been swamped with preparing the mid-year performance report.**
| 요즘 상반기 업무 성과 정리 보고서 때문에 정신이 없다 |

swamped는 '일에 파묻힌', '정신없는'이라는 뜻으로, 업무에 압도당한 상태를 표현할 때 쓰는 구어 표현입니다. 원래 swamp는 늪을 뜻하는데, 늪에 빠져 움직이지 못하는 상태를 떠올려 보면 유추가 가능한 의미죠. mid-year performance report는 '상반기 업무 성과 정리 보고서'를 말하는데, mid-는 어떤 시간의 중간을 가리키는 접두사입니다.

❷ **I'm glued to Excel and PowerPoint all day.**
| 엑셀과 파워포인트만 붙잡고 있다 |

glue는 접착제를 말하죠. 동사로는 접착제로 붙인다는 뜻입니다. be glued to는 TV, 휴대폰, 책, 업무 등에 몰두하거나 빠져 있는 상태를 묘사할 때 쓰는 표현이죠. 하루 종일 어떤 것만 하고 있다는 의미를 약간 과장해서 표현할 때 활용하면 됩니다.

❸ **It's important to assess progress and plan strategies, halfway through the year.**
| 한 해의 반을 지나며 성과를 돌아보고 전략을 짜는 건 필요하다 |

halfway through는 어떤 것이 중간 정도(halfway) 끝났다(through)는 뜻이죠. halfway through the year라고 했으므로, '한 해가 반쯤 끝났으니'라는 의미가 됩니다. assess progress는 '성과를 평가하다'이고, plan strategies는 '전략을 세우다'라는 말이죠. 기업에서 '평가하다'를 말하는 대표적인 단어가 evaluate와 assess입니다.

❹ **breaking things down into six-month intervals and creating another polished report**
| 6개월 단위로 또 쪼개서 근사한 보고서를 만들기 |

'break things down into six-month intervals는 '6개월 단위로 나누다'라는 뜻이죠. 어떤 단위까지 세분하는지를 표현할 때 down을 활용합니다. 예를 들어 We analyzed the data down to the micro level.이라고 하면, '우리는 데이터를 아주 작은 단위 수준까지 분석했다'라는 뜻이 됩니다. polish는 광을 낸다는 뜻인데, polished는 '세련된', '완성도 높은'이라는 의미입니다.

❺ if I were in a leadership position

| 내가 윗사람이 된다면 |

'내가 윗사람이 된다면'이라는 가정법 표현으로, 실제 상황이 아니라 상상이나 바람을 담고 있습니다. I am이 아닌 I were를 쓴 이유죠.

❻ I'd definitely cut back on this kind of unproductive reporting culture.

| 비생산적인 보고서 작성 문화는 확 줄일 거다 |

cut back on은 '줄이다', '축소하다'라는 뜻으로, 자원 낭비나 불필요한 활동을 줄일 때 자주 쓰이는 표현입니다. unproductive reporting culture는 '비생산적인 보고서 작성 문화'라고 해석할 수 있죠..

❼ We have to package data that's already in the system just to be recognized.

| 시스템에 다 기록돼 있는 내용을 예쁘게 포장해서 보여줘야만 인정받는다 |

package는 '포장하다'라는 뜻이죠. 여기서는 상품을 포장하듯 정보를 보기 좋게 다듬는다는 의미로 활용했습니다. 능력이나 성과를 인정받는 경우, 동사 recognize를 활용하면 됩니다.

❽ Okay, this is my responsibility, so I'll see it through.

| 그래도 내가 맡은 역할이니 어쩔 수 없다 |

see through는 어떤 것을 관통해서(through) 본다는 뜻이죠. 예를 들어 He saw through the problem and found the solution.이라고 하면 '그는 문제를 꿰뚫어 보고 해결책을 찾았다'라는 말입니다. see it through라고 말하면 의미가 조금 다른데, 일을 끝까지 해내거나 끝까지 밀고 나간다는 뜻입니다. 그래서 위 문장은 '내가 맡은 역할이니 끝까지 책임을 다하겠다'는 뜻이 됩니다.

❾ I just hope I can breathe a little easier once it's over.

| 숨통이 좀 트이면 좋겠다 |

breathe a little easier는 '숨을 쉽게 쉬다'라고 직역할 수 있는데, '숨통이 트이다', '한결 편해지다'라는 말로, 긴장이나 부담에서 벗어나 안도하는 상태를 나타냅니다. '숨통'의 비유를 쓰지 않는다면, 결국 마음이 편해지고 안도한다는 의미이므로, I just hope I'll feel more relaxed when it's finally done.처럼 relaxed를 활용해 표현할 수도 있습니다.

Quick Quiz

1 상반기 업무 성과 정리 보고서 때문에 정신이 없다

I've been ______ with preparing the mid-year performance report.

2 엑셀과 파워포인트만 붙잡고 있다.

I'm ______ to Excel and PowerPoint all day.

3 한 해의 반을 지나며 성과를 돌아보고 전략을 짜는 건 필요하다.

It's important to assess progress and plan strategies, ______ through the year.

4 시스템에 다 기록돼 있는 내용을 예쁘게 포장해서 보여줘야만 인정받는다.

We have to ______ data that's already in the system just to be recognized.

5 숨통이 좀 트이면 좋겠다.

I just hope I can ______ a little easier once it's over.

답 **1.** swamped **2.** glued **3.** halfway **4.** package **5.** breathe

6월24일

출근길은 지하철을 한 번 갈아타고❶ 50분에서 1시간 정도 걸린다. 요즘은 이 시간을 조금이라도 줄일 수 있으면❷ 좋겠다는 생각이 든다. 30분만 줄여도 하루가 달라질 것 같은데. 지하철 안을 둘러보면 대부분 스마트폰을 들여다보고 있다. 숏폼 영상이나 게임에 빠져 있는❸ 사람들이 많다. 나는 그렇지 않겠다고 마음먹고❹, 출퇴근 시간만큼은 생산적으로 보내자고 영어 방송을 듣고 있다. 하지만 솔직히 얼마나 도움이 되는지 잘 모르겠다. 집중이 흐려질❺ 때도 많고, 그냥 배경음처럼 흘러갈 때가 더 많다. 요즘은 종이책을 읽는 사람들도 눈에 띈다. 뭔가 특별한 결심을 한❻ 교양인들처럼 보여서 나도 자극을 받는다❼. 출퇴근이 단순한 이동이 아니라, 좀 더 보람있는 시간이 되면❽ 좋겠다. 나도 내일부터 책 한 권을 가방에 넣어볼까❾ 한다.

My **commute** takes about 50 minutes to an hour, with one subway **transfer** along the way. I've been wishing I could **reduce** some of that time. Just 30 minutes less would make a big difference. On the subway, most people **are glued to** their smartphones, **lost in** short-form videos or mobile games. I've **made a conscious decision** not to be one of them. Instead, I try to spend my commute productively by listening to English broadcasts. But honestly, I'm not sure how effective it is. My **attention drifts**, and the audio ends up just playing in the background. These days, I've noticed people reading paper books. They look like cultured individuals who've made a **deliberate** choice, and **I am inspired**, too. I want my commute to be something more **meaningful**, more than just a daily transit. Starting tomorrow, I think I'll **slip** a book into my bag.

❶ My commute takes about 50 minutes to an hour, with one subway transfer along the way.

| 지하철을 한 번 갈아타고 50분에서 1시간 정도 걸린다 |

commute는 '출근하다'라는 동사와 '출근'이라는 명사 뜻을 모두 지닙니다. 여기서는 명사로 활용했죠. with one subway transfer along the way는 가는 길에 지하철을 한 번 갈아타야 한다는 의미입니다. transfer가 '환승'을 뜻하죠.

❷ I wish I could reduce some of that time.

| 이 시간을 조금이라도 줄일 수 있으면 좋겠다 |

reduce는 양이나 시간을 줄인다고 할 때 쓰는 동사죠. 그럴 수 있으면 좋겠다는 소망을 표현하므로, I wish I could처럼 조동사의 과거형 could를 활용하고 있습니다.

❸ Most people are glued to their smartphones, lost in short-form videos or mobile games.

| 대부분 스마트폰을 들여다보고 있고, 숏폼 영상이나 게임에 빠져 있다 |

앞에서도 등장했던 be glued to는 어떤 것에 달라붙어 떨어지지 못한다는 뜻으로, 강한 몰입 상태를 표현합니다. be lost in은 특정 활동이나 생각에 깊이 빠져 있는 상태를 나타내며, 역시 몰입과 집중을 강조하죠. '쇼츠'나 '릴스' 같은 짧은 동영상은 short-form videos라고 표현하면 됩니다.

❹ I've made a conscious decision not to be one of them.

| 나는 그렇지 않겠다고 마음먹는다 |

be one of them이 그들 중 한 명이 된다는 뜻이므로, not to be one of them은 그들 중 하나가 되지 않겠다, 즉 다수의 행동이나 습관을 따르지 않겠다는 말이 되죠. make a conscious decision은 의식적으로(conscious) 결심했다는 뜻이니, 우리말 '~하겠다고 마음먹다'와 잘 어울립니다. 달리 I've made a clear choice not to be one of them.라고 해도 되죠. '그렇게 하지 않는 분명한 선

택을 했다'는 뜻입니다.

❺ My attention drifts.

| 집중이 흐려질 때도 많다 |

drift는 원래 바람이나 물결에 따라 떠내려가는 것을 의미하는데, 여기서는 정신이 다른 데로 흘러가는 모양을 비유적으로 가리킵니다. attention(주의)이 drift한다고 했으므로, 주의가 다른 곳으로 옮겨가 버린다. 즉 '집중이 흐려진다'라는 뜻이 되죠. 주의가 흐트러진 상태를 distracted라고 하므로, I get distracted. 처럼 표현해도 좋습니다.

❻ They look like cultured individuals who've made a deliberate choice.

| 특별한 결심을 한 교양인들처럼 보인다 |

cultured는 '교양 있는'이라는 뜻도 됩니다. deliberate는 깊이 생각하는 태도나 고의적인 모습을 가리키므로 make a deliberate choice는 신중하게 결정을 내렸다는 말입니다. 의도적인 선택임을 강조하죠.

❼ I am inspired, too.

| 나도 자극을 받는다 |

'자극하다'라는 뜻인 stimulate를 활용해도 좋지만, 창의적인 아이디어나 동기부여를 얻는다는 뜻인 inspired도 잘 어울립니다. 주변의 모습이나 분위기에서 자신도 동기부여를 받는다고 할 때 be inspired처럼 표현하면 되죠.

❽ I want my commute to be something more meaningful, more than just a daily transit.

| 출퇴근이 단순한 이동이 아니라, 좀 더 보람 있는 시간이 되면 좋겠다 |

transit은 교통수단을 이용한 '이동', '수송'을 의미하죠. daily transit이라고 했

으므로, 매일 반복되는 단순한 이동 과정을 강조합니다. 보람 있는 시간은 곧 '의미 있는' 시간이기도 하므로 something more meaningful처럼 설명할 수 있죠.

❾ I think I'll slip a book into my bag.

| 책 한 권을 가방에 넣어볼까 한다 |

slip은 미끄러지듯 자연스럽게 넣거나 끼워 넣는 동작에 잘 어울리죠. slip a book into my bag는 책을 가방에 살짝 넣는다는 말이 됩니다. 자연스럽고 가벼운 동작을 묘사하는 단어죠.

Quick Quiz

1 지하철을 한 번 갈아타고 50분에서 1시간 정도 걸린다.

My commute takes about 50 minutes to an hour, with one subway ______ along the way.

---

2 대부분 스마트폰을 들여다보고 있고, 숏폼 영상이나 게임에 빠져 있다.

Most people are glued to their smartphones, ______ ______ short-form videos or mobile games.

---

3 집중이 흐려질 때도 많다.

My attention ______.

---

4 그냥 배경음처럼 흘러갈 때가 더 많다.

The audio ends up just ______ in the background.

---

5 나도 자극을 받는다.

I am ______, too.

답 **1.** transfer **2.** lost in **3.** drifts **4.** playing **5.** inspired

7~9월의 일기

7월13일

날이 점점 더워지면서 회사 안팎으로 냉방 온도를 두고 말이 많아진다❶. 누구는 덥다고 하고, 누구는 춥다고 하니 도무지 기준을 잡기가 어렵다❷. 결국엔 온도를 낮추는 쪽으로 결론이 나곤 한다. 그러면 또 다들 긴팔 옷을 꺼내 입는다. 더워서 에어컨을 틀어놓고❸, 춥다며 껴 입는❹ 건 무슨 코미디인가❺ 싶다. 냉방비를 스스로 부담하는 자기 집에서도 이렇게 낮은 온도를 고집할까❻? 솔직히 자기가 비용을 지불하지 않으니까❼ 더 세게 냉방 하기를 원하는 것 같다. 냉방 온도에서 인간의 이기심을 느낀다고 하면 내가 오버하는 걸까❽? 여름엔 좀 더운 게 정상이라❾ 생각하고, 모두 냉방 온도를 조금만 높이면 좋겠다.

As the weather gets hotter, **debates over** air conditioning temperatures are **heating up**, both in and out of the office. Some say it's too warm, others say it's freezing. So it's hard to **find a standard**. In the end, the temperature usually gets lowered. Then, people start wearing long sleeves. It's a **strange comedy**: **blasting cold air** because it's hot, then **bundling up** because it's too cold. Would people **insist on** such low temperatures at home, where they're paying the electricity bill themselves? Honestly, I think people want stronger cooling because they're not the ones **covering the cost**. Is it **too much** to say that air conditioning reveals human selfishness? As **it's normal to feel a bit warm in the summer**, I wish we could all agree to raise the temperature just a little.

❶ Debates over air conditioning temperatures are heating up.

| 냉방 온도를 두고 말이 많아진다 |

어떤 주제를 '두고' 논쟁을 한다고 할 때 전치사 over를 활용하죠. 그래서 debates over air conditioning temperatures는 냉방 온도를 둘러싼 논쟁을 뜻합니다. heat up은 단순히 온도가 올라간다는 뜻을 넘어, 분위기나 갈등이 고조되는 상황을 묘사하기도 하죠. 논쟁이 격해짐을 비유적으로 나타냅니다.

❷ So it's hard to find a standard.

| 도무지 기준을 잡기가 어렵다 |

standard가 '기준'을 뜻하므로 find a standard는 기준을 찾는다, 기준을 잡거나 세운다는 의미입니다. find 대신 set, establish를 써도 기준을 세운다는 말이 되죠.

❸ blasting cold air because it's hot

| 더워서 에어컨을 틀어놓고 |

blast는 '꽝'하는 소리를 묘사하는 단어입니다. 순간적으로 발생하는 격한 움직임을 모두 표현할 수 있으므로, 바람을 강하게 내뿜는다는 뜻도 되죠. 결국 에어컨 바람이 세게 나온다, 에어컨을 세게 튼다는 의미입니다.

❹ then bundling up because it's too cold

| 춥다며 껴 입는다 |

bundle up은 '옷을 두껍게 껴입는다', '옷을 겹겹이 입는다'라는 뜻입니다. 옷을 더 입는다는 의미로, put on extra clothes라고 해도 좋습니다.

❺ It's a strange comedy.
| 무슨 코미디인가 싶다 |

'참으로 이상한 코미디다'라는 뜻에서 strange comedy라고 표현했죠. 이렇게 앞뒤가 안 맞는 우스꽝스러운 상황을 말할 때 It's ridiculous. 혹은 It's crazy. 라고 할 수도 있습니다.

❻ Would people insist on such low temperatures at home?
| 자기 집에서도 이렇게 낮은 온도를 고집할까? |

insist on은 강하게 주장하거나 고수하는 태도를 표현합니다. 고집스럽게 낮은 온도를 고수하는 모습을 insist on low temperatures라고 했죠. 어떤 것을 고수한다는 뜻으로 쓰는 표현에 stick with, cling to도 있죠. 위 예문에서 insist on 대신 활용할 수 있습니다.

❼ I think people want stronger cooling because they're not the ones covering the cost.
| 자기가 비용을 지불하지 않으니까 더 세게 냉방 하기를 원한다 |

they're not the ones covering the cost에서 the ones는 '~하는 바로 그 사람들'이라는 의미입니다. 즉 '자기가 비용을 부담하는 바로 그 사람들이 아니니까' 라고 말한 거죠. cover the cost는 비용을 지불하거나 책임진다는 뜻이죠. 외래어 '커버하다'는 영어 cover로 표현하면 거의 다 맞습니다.

❽ Is it too much to say that air conditioning reveals human selfishness?
| 냉방 온도에서 인간의 이기심을 느낀다고 하면 내가 오버하는 걸까? |

Is it too much to say ~?는 어떤 말을 하는 것이 지나친 표현인지, 과장인지 묻는 의문문이죠. '~라면 지나친 것인가?'라는 뜻입니다. reveal은 숨겨진 성질이나 본질을 드러낸다는 뜻이므로, reveal human selfishness라고 하면 인간의 이

기심을 드러낸다는 뜻이 되죠.

❾ It's normal to feel a bit warm in the summer.

| 여름엔 좀 더운 게 정상이다 |

우리말로 여름을 '따뜻하다'라고 묘사한다면 좀 어색하지만, warm은 더운 날씨를 가리킬 때도 유용한 단어입니다. warm in summer는 자연스러운 표현이죠.

Quick Quiz

1 냉방 온도를 두고 말이 많아진다.

Debates over air conditioning temperatures are _____ up.

2 더워서 에어컨을 틀어놓고 춥다며 껴 입는다.

People blast cold air because it's hot and then _____ _____ because it's too cold.

3 자기 집에서도 이렇게 낮은 온도를 고집할까?

Would people _____ _____ such low temperatures at home?

4 자기가 비용을 지불하지 않으니까 더 세게 냉방 하기를 원한다.

I think people want stronger cooling because they're not the ones _____ the cost.

5 냉방 온도에서 인간의 이기심을 느낀다고 하면 내가 오버하는 걸까?

Is it _____ _____ to say that air conditioning reveals human selfishness?

답 **1.** heating **2.** bundle up **3.** insist on **4.** covering **5.** too much

7월16일

회사 탕비실에 갈 때마다❶ 씁쓸한 기분이 든다❷. 커피믹스 몇 개, 과자 몇 봉지, 그리고 컵라면. 이게 전부다. 친구 말로 자기 회사는 견과류에, 무가당 요거트, 심지어 제철 과일까지 나온다던데. 역시 잘나가는 대기업과 그렇지 않은 회사는❸ 이런 디테일에서부터 차이가 나는❹ 것 같다. 물론 간식이 전부는 아니지만, 직원들의 사소한 만족까지 챙겨주는❺ 좋은 회사가 부럽다. 우리 회사도 그런 세심한 배려를 해줄❻ 순 없는 걸까. 하루의 대부분을 보내는 공간인데, 작은 간식 하나에도 위로받고 싶을 때가 있다❼. 오늘처럼 피곤한 날엔❽ 그런 사소한 것들이 더 크게 느껴진다. 언젠가는 우리 회사도 바뀌겠지❾. 아니면 내가 좋은 곳으로 가야지 어쩌겠나.

I feel a bit **disheartened** every time I go into the **office pantry**. A few instant coffee mixes, some bags of snacks, and cup noodles—that's all there is. A friend told me that at his company, they get mixed nuts, unsweetened yogurt, and even seasonal fruits. **It's in these small details that you can see the gap** between **top-tier** companies and the rest. Snacks aren't everything, of course, but I do admire companies that care about their employees' **small comforts**. I wonder if our company could ever **extend** that kind of **thoughtful gesture**. After all, we spend most of our waking hours here. A simple snack can sometimes feel like a **source of comfort**. **On days like today**, when **fatigue hits hard**, those little things carry a lot of weight. Maybe one day our office will **catch up**. Or maybe I'll just have to move on to a better place. What else can I do?

❶ every time I go into the office pantry
| 회사 탕비실에 갈 때마다 |

every time은 반복적인 상황을 강조하는 표현으로, '어떤 일이 일어날 때마다'라는 뜻입니다. 마치 접속사처럼 쓰여서 다음에 주어+동사를 지닌 완전한 문장이 나오죠. pantry는 원래 식료품 저장실을 뜻하지만, 직장에서는 커피나 간단한 간식을 두는 공간, 즉 탕비실을 의미합니다. break room이라고도 하죠.

❷ I feel a bit disheartened.
| 씁쓸한 기분이 든다 |

dishearten은 낙담하게 만든다는 뜻이죠. disheartened는 낙담하거나 의욕이 꺾인 상태를 뜻하며, 실망감을 표현하는 단어입니다. 여기서는 '씁쓸한 기분'을 실망감이라고 생각하고 disheartened라고 했죠. 실망감을 표현하는 let down, disappointed을 써도 좋습니다.

❸ the gap between top-tier companies and the rest
| 잘나가는 대기업과 그렇지 않은 회사의 차이 |

top-tier는 최고 수준, 최상위라는 뜻이죠. 최고의 대기업을 말할 때도 적절한 표현입니다. 유명하다는 뜻에서 big-name companies, 선도하는 기업이라는 의미로 leading companies라고 해도 좋죠.

❹ It's in these small details that you can see the gap between top-tier companies and the rest.
| 디테일에서부터 차이가 난다 |

it ~ that 강조 구문이죠. '디테일에서' 차이가 난다는 점을 강조하기 위해 it's in these small details that ~처럼 in these small details를 it과 that 사이에 넣어 표현했습니다. you can see the gap은 격차를 볼 수 있다는 뜻으로, 차이가 눈에 띄게 드러남을 나타냅니다.

❺ I do admire companies that care about their employees' small comforts.

| 직원들의 사소한 만족까지 챙겨주는 좋은 회사가 부럽다 |

admire 앞에 do를 붙여 진심으로 부럽다는 의미를 강조하고 있죠. comfort는 편안함이나 안락을 말하므로, employees' small comforts는 직원들의 사소한 만족이나 편안함을 일컫습니다. 그런 편안함까지 '챙겨주는' 모습은 care about으로 표현하고 있죠.

❻ I wonder if our company could ever extend that kind of thoughtful gesture.

| 우리 회사도 그런 세심한 배려를 해줄 순 없는 걸까 |

our company could ever는 '우리 회사가 과연 그런 일을 할 수 있을지'라는 의미죠. ever를 넣어 그런 일이 과연 일어날 수 있는지를 강조하고 있습니다. gesture는 몸짓이나 행동을 뜻하지만, 여기처럼 배려나 친절로 베푸는 구체적인 행위를 일컫기도 하죠. 친절을 베푼다는 뜻으로 활용한 동사는 extend입니다. 고마움, 애도, 친절 등 다양한 감정을 '표현한다'고 할 때 쓸 수 있죠.

❼ A simple snack can sometimes feel like a source of comfort.

| 작은 간식 하나에도 위로받고 싶다 |

source는 어떤 것의 근원이나 출처를 나타내죠. a source of comfort는 위로의 근원이라는 뜻으로, 작은 행동이나 물건이 마음을 안정시키는 상황을 표현합니다. comfort는 '편안함'과 '위로'라는 의미를 모두 지닙니다.

❽ On days like today, when fatigue hits hard, those little things carry a lot of weight.

| 오늘처럼 피곤한 날엔 그런 사소한 것들이 더 크게 느껴진다 |

on a day like today 혹은 on days like today라고 하면 '오늘 같은 날에는'이

라는 말이죠. hit hard는 직역하면 '강하게 때리다'인데, 강하게 영향을 미친다는 뜻입니다. when fatigue hits hard라고 했으므로 피로가 크게 몰려온다는 표현이죠. carry a lot of weight는 큰 의미나 중요성을 지닌다는 표현으로, 물리적 무게가 아니라 심리적/정서적 무게를 강조합니다.

❾ Maybe one day our office will catch up.

| 언젠가는 우리 회사도 바뀌겠지 |

catch up은 뒤처진 상태에서 따라잡는다는 의미죠. 현재는 부족하지만 언젠가는 회사도 발전하거나 변화할 것이라는 희망을 드러내는 표현입니다. 이렇게 catch up은 단순히 따라잡는 것뿐 아니라, 수준이나 흐름을 맞춘다는 의미로도 쓰입니다.

Quick Quiz

1 씁쓸한 기분이 든다.

I feel a bit ______.

2 잘나가는 기업과 그렇지 않은 회사는 디테일에서부터 차이가 난다.

It's in these small details that you can see the ______ between top-tier companies and the rest.

3 우리 회사도 그런 세심한 배려를 해줄 순 없는 걸까.

I wonder if our company could ever extend that kind of thoughtful ______.

4 작은 간식 하나에도 위로받고 싶다.

A simple snack can sometimes feel like a source of ______.

5 언젠가는 우리 회사도 바뀌겠지.

Maybe one day our office will ______ ______.

답 **1.** disheartened **2.** gap **3.** gesture **4.** comfort **5.** catch up

7월21일

오늘 정말 아찔한 실수를 저질렀다❶. 아웃룩의 자동 완성 기능❷ 때문에 팀장님에게만 보내야 할 메일이 팀원 전체에게 발송되는 일이 벌어졌다. 메일 내용에는 몇몇 팀원들의 태도나 업무 방식에 대한 내 솔직한 생각이 담겨 있었는데, 그게 고스란히 모두에게 전달된 것이다. 순간 머리가 하얘졌다❸. 더 직설적인 표현을 쓰지 않았던 게 천만다행이다❹. 그랬다면 정말 회복 불가능한 상황이 됐을지도❺ 모른다. 편리한 기능이 오히려 문제를 일으키는 경우가 있다는 걸 오늘 뼈저리게 느꼈다❻. 팀장님께 말씀드리고, 팀원들에게도 곧바로 사과 메일을 보냈다. 다들 당황했겠지만, 의외로 반응은 차분했다. 오히려 솔직한 의견을 들을 수 있어서 좋았다는 사람도 있었다. 정말 진심으로 하는 이야기인지 뼈 있는 얘기인지❼ 모르겠다. 한가지는 확실하다. 앞으로는 이런 실수를 반복하면 안 된다.

Today, I made a truly **heart-stopping** mistake. Because of Outlook's **auto-complete feature**, an email meant only for my team leader was accidentally sent to the entire team. The message contained my honest thoughts about some team members' attitudes and work styles, and it went out to all of them. My **mind went blank** at that moment. **Thankfully**, I hadn't used more **direct or harsh language**. If I had, it might have been an **irreparable situation**. I **learned the hard way** today that the most convenient tools can **backfire** if you're not careful. I immediately informed my team leader and sent an apology email to the team. Everyone must have been surprised, but their reactions were unexpectedly calm. Some even said they appreciated hearing honest feedback. I'm not sure if they **truly meant it** or if **there was a hidden message behind their words**. One thing's for sure: I'll never let this kind of mistake happen again.

❶ Today, I made a truly heart-stopping mistake.

| 아찔한 실수를 저질렀다 |

heart-stopping은 원래 심장이 멎을 정도로 충격적이라는 뜻으로, 여기서는 실수가 너무 커서 아찔하고 놀라운 상황을 표현합니다. 실수의 심각함은 shocking, terrible, huge, serious와 같은 단어로 표현할 수도 있습니다.

❷ because of Outlook's auto-complete feature

| 아웃룩의 자동 완성 기능 때문에 |

auto-complete feature는 사용자가 입력을 시작하면 예상되는 단어나 이메일 주소 등을 자동으로 채워주는 기능을 의미합니다. feature는 특성, 혹은 이렇게 프로그램이나 장치의 기능을 일컫죠.

❸ My mind went blank at that moment.

| 순간, 머리가 하얘졌다 |

My mind went blank.는 갑자기 아무 생각도 나지 않고 멍해진 상태를 표현합니다. 충격적이고 당황스러운 상황에서 머리가 하얘지는 것을 잘 표현하고 있죠. blank 대신, 앞에 나왔던 foggy, 마치 빈 듯하다는 의미로 empty를 써도 좋습니다.

❹ Thankfully, I hadn't used more direct or harsh language.

| 더 직설적인 표현을 쓰지 않았던 게 천만다행이다 |

thankfully로 문장을 시작하면, 문장 전체의 내용이 감사할 만한 일이라는 뜻이 되죠. '천만다행'은 안도할 만한 일을 가리키므로, It's a relief that ~.와 같이 표현해도 좋습니다. harsh는 가혹하거나 혹독한 것을 묘사하는 단어죠.

❺ If I had, it might have been an irreparable situation.

| 회복 불가능한 상황이 됐을지도 모른다 |

irreparable은 '수리하다'라는 뜻인 repair의 형용사형인 reparable에 ir-을 붙여 반대말을 만든 형태입니다. '수리할 수 없는'이라는 뜻이고, an irreparable situation은 '회복할 수 없는', '돌이킬 수 없는' 상황을 뜻합니다.

❻ The most convenient tools can backfire if you're not careful.

| 편리한 기능이 오히려 문제를 일으키는 경우가 있다 |

backfire는 말 그대로 총이 뒤로(back) 발사된다는(fire) 뜻으로, 역효과를 내거나 예상치 못한 부정적인 결과를 가져온다는 말입니다.

❼ I learned the hard way today that ~.

| 오늘 뼈저리게 느꼈다 |

I learned the hard way는 직접 경험을 통해 어렵고 고통스럽게 깨달았다는 뜻입니다. 전치사 없이 the hard way라고만 해도 '힘들게'라는 뜻이 되죠. I was taught a hard lesson that ~.라고 해도 '~라는 뼈아픈 교훈을 배웠다'라는 비슷한 의미입니다.

❼ I'm not sure if they truly meant it or if there was a hidden message behind their words.

| 진심으로 하는 이야기인지 뼈 있는 얘기인지 모르겠다 |

truly mean it은 진심으로 말했다는 뜻이고, there was a hidden message behind their words는 겉으로 드러나지 않은 숨은 의미나 의도가 있었다는 말입니다. 진심으로 표현하는 것은 speak from the heart라고 할 수도 있죠. 마음에서 우러나오는 진심을 말한다는 뜻입니다. 숨은 의도가 있다는 의미는 다양하게 표현할 수 있는데, 행간의 의미를 생각해야 한다는 뜻에서 if there's something between the lines, 그 이상 의도하는 뭔가가 있다는 의미로 if there's more to it, 숨은 함정이 있다는 뜻의 if there's a catch, 숨겨진 다른 의도가 있다는 뜻의 if there's an ulterior motive 등이 모두 비슷한 말입니다.

Quick Quiz

1 아찔한 실수를 저질렀다.

Today, I made a truly _____ mistake.

2 순간, 머리가 하얘졌다.

My mind went _____ at that moment.

3 회복 불가능한 상황이 됐을지도 모른다.

If I had, it might have been an _____ situation.

4 편리한 기능이 오히려 문제를 일으키는 경우가 있다.

The most convenient tools can _____ if you're not careful.

5 진심으로 하는 이야기인지 뼈 있는 얘기인지 모르겠다.

I'm not sure if they truly _____ it or if there was a hidden message _____ their words.

답 **1.** heart-stopping **2.** blank **3.** irreparable **4.** backfire **5.** meant, behind

8월10일

요즘은 점심 시간에 혼자 편의점 도시락을 먹는 게 편하다❶. 메뉴도 생각보다 괜찮고, 가격도 적당해서❷ 부담이 없다. 솔직히 회사 근처 식당들보다 낫다❸. 무엇보다 팀원들과 밥을 먹는 게 불편하게 느껴질❹ 때가 있다. 밥은 그냥 밥일 뿐인데❺, 굳이 누군가와 함께 먹어야 한다는 법은 없지 않나. 혼자 먹는다고 외로운 것도 아니고, 오히려 그 시간이 더 자유롭고 편하다. 점심시간에 잠깐이라도 나만의 시간을 갖는 게❻ 오히려 좋다. 물론 가끔은 누군가와 웃으며 밥을 먹고 싶을 때도 있지만❼, 그건 내가 원할 때여야 한다. 억지로 맞추는 건 싫다❽. 회사 생활을 하는 한 계속 점심을 먹게 되는데, 당연한 루틴이지만❾ 내게 의미있게 만들고 싶다. 오늘도 조용히, 나만의 점심을 즐겼다.

Lately, I prefer spending my lunch break **alone with** a convenience store meal. The menu is always better than expected, and the price is **reasonable**. Honestly, it **beats** most of the nearby restaurants. More than anything, I sometimes **feel uncomfortable eating** with my team members. **A meal is just a meal**. There's no rule that says I have to share it with someone. Eating alone doesn't mean I'm lonely. In fact, that time feels freer and more relaxing. **Having a brief moment to myself** during lunch is something I truly appreciate. Sure, there are times when I want to share a laugh **over a meal** with someone, but only when I choose to. I don't like **forcing myself to fit in**. Lunch is a **routine part** of work life, but I want it to be meaningful for me. Today, once again, I quietly enjoyed my lunch alone.

❶ I prefer spending my lunch break alone with a convenience store meal.

| 점심 시간에 혼자 편의점 도시락을 먹는 게 편하다 |

convenience store가 편의점을 말하므로, 편의점 도시락은 convenience store meal이라고 표현할 수 있죠. spend my lunch break alone이 다른 사람과 함께하지 않고 혼자 점심을 먹는 모습을 설명합니다.

❷ The price is reasonable.

| 가격도 적당해서 부담이 없다 |

reasonable은 '합리적인', '적당한'이라는 의미로, 가격/조건/요구 등이 적당하다고 할 때 쓰입니다. 받아들일 만하다는 뜻인 acceptable, 감당 가능하다는 뜻인 affordable을 활용해도 되죠.

❸ Honestly, it beats most of the nearby restaurants.

| 회사 근처 식당들보다 낫다 |

beat는 비교 대상보다 더 낫다는 의미로, 구어체에서 흔히 쓰이는 표현입니다. 더 능가하거나 우수하다고 할 때 쓰는 surpass, exceed의 구어 표현이라고 생각하면 됩니다.

❹ More than anything, I sometimes feel uncomfortable eating with my team members.

| 무엇보다 팀원들과 밥을 먹는 게 불편하게 느껴질 때가 있다 |

more than anything은 '무엇보다도'라는 뜻이고, 우선순위를 표현하거나 강조하는 문장을 시작할 때 유용합니다. above all도 비슷한 뜻이죠. 어떤 것이 불편하다고 할 때 I feel uncomfortable ~을 활용하면 되는데, 무엇이 불편한지는 uncomfortable 뒤에 -ing 형태로 붙이면 됩니다. 여기서는 같이 먹는 것이 불편하므로 uncomfortable eating with my team members라고 했죠.

❺ A meal is just a meal.

| 밥은 그냥 밥일 뿐이다 |

A meal is just a meal.처럼 같은 단어를 반복해 '~은 ~일 뿐이다'라는 의미를 표현할 수 있죠. 어떤 것에 지나지 않으니 너무 많은 의미를 부여할 필요는 없다는 뜻입니다. A dream is just a dream. A game is just a game.과 같이 말할 수 있죠.

❻ Having a brief moment to myself during lunch is something I truly appreciate.

| 점심시간에 잠깐이라도 나만의 시간을 갖는 게 좋다 |

나 자신만의 시간을 갖는다는 말은 have a brief moment to myself처럼 to myself를 붙여 표현하면 됩니다. 감사하다는 뜻으로 익숙한 appreciate은 어떤 것의 가치를 인정하고 소중히 여긴다는 뜻입니다. 이렇게 일상 속 작은 순간의 중요성을 강조할 때 활용할 수 있죠.

❼ Sure, there are times when I want to share a laugh over a meal with someone.

| 물론 가끔은 누군가와 웃으며 밥을 먹고 싶을 때도 있다 |

같이 밥을 '먹으며' 웃음을 나눈다고 할 때 over a meal이라고 했습니다. 전치사 over는 이렇게 '어떤 일을 하는 동안', '어떤 일을 통해'라는 의미를 표현합니다. 예를 들어 over coffee는 '커피를 마시며', over dinner는 '저녁을 함께 하며', over a game of cards는 '카드 게임을 하며'라는 뜻이죠.

❽ I don't like forcing myself to fit in.

| 억지로 맞추는 건 싫다 |

fit in은 무리에 섞여 들거나 사회적 기대에 맞추는 것을 뜻합니다. 내 스스로를 억지로 맞추는 것을 force myself to fit in이라고 했죠.

❾ Lunch is a routine part of work life, but I want it to be meaningful for me.
| 점심을 먹는 건 당연한 루틴이지만 내게 의미있게 만들고 싶다 |

routine은 형용사, 명사로 모두 쓰입니다. Lunch is a routine part of work life.는 형용사로 활용한 예이고, 명사로 활용하면 Lunch is part of my daily routine.처럼 표현할 수 있습니다.

Quick Quiz

1 가격도 적당해서 부담이 없다.

The price is ______.

2 회사 근처 식당들보다 낫다.

Honestly, it ______ most of the nearby restaurants.

3 점심시간에 잠깐이라도 나만의 시간이 갖는 게 좋다.

Having a brief moment ______ ______ during lunch is something I truly appreciate.

4 물론 가끔은 누군가와 웃으며 밥을 먹고 싶을 때도 있다.

Sure, there are times when I want to share a laugh ______ a meal with someone.

5 억지로 맞추는 건 싫다.

I don't like forcing myself to ______ ______.

답 **1.** reasonable **2.** beats **3.** to myself **4.** over **5.** fit in

8월24일

8월 하순인데 더위가 꺾일 기세를 보이지 않는다❶. 광복절 지나면 슬슬 수그러들어야❷ 정상인데, 올해는 아니다. 9월까지 여름이 이어질 것❸ 같은 느낌이다. 사실상 6월부터 세 달째 여름인데, 지치지 않을 수가 없다. 이렇게 더운 때 나의 활력소는❹ 맥주와 냉면이다. 냉장고에 보관해 둔 차가운 맥주 한 캔은 하루의 보상 같다❺. 많이 마시면 안 좋으니 음료수처럼❻ 딱 한 캔만 마시는데, 그 한 캔이 주는 청량감은 생각보다 크다❼. 그리고 냉면. 나는 평양냉면 팬이다. 심심하면서도 깊고 시원한 육수를❽ 들이키면 속이 풀린다❾. 고기로 잘 고아 낸 육수라❿ 몸에도 좋을 것 같다는 생각이 든다. 특유의 부드러운 면발과 단정하게 올라간 고명은 사랑하지 않을 수 없다⓫. 이런 작은 것들에서 행복을 찾아 남은 여름을 잘 버텨야겠다.

It's late August, but the heat shows **no signs of letting up**. Normally, the weather starts to **cool down** after Liberation Day, but not this year. Summer is likely to **linger** well **into** September. It's been three straight months of heat since June, and it's exhausting. During this sweltering season, my little **sources of relief** are beer and naengmyeon. A cold can of beer from the fridge feels like a **reward** at the end of the day. I **treat it like a soft drink** and only drink one, because too much isn't good. But that one can **brings surprising refreshment**. And then there's naengmyeon. I'm a fan of Pyongyang-style naengmyeon. The **mild yet deep and cool broth** is incredibly **soothing**. Since it's made from **slow-simmered** beef, I think it would be good for the body, too. The soft noodles and **neatly arranged toppings** are simply **irresistible**. Finding joy in these small things is how I plan to survive the rest of this long summer.

❶ The heat shows no signs of letting up.

| 더위가 꺾일 기세를 보이지 않는다 |

let up은 강도가 약해지거나 누그러지는 것을 의미합니다. 날씨나 압박, 고통을 말할 때 쓰입니다. 어떤 '징후'나 '조짐'을 가장 쉽게 표현하는 방법이 sign을 활용하는 것입니다. show no signs of ~라고 하면 '~할 조짐을 보이지 않는다'는 말이 되죠.

❷ The weather starts to cool down after Liberation Day.

| 광복절 지나면 더위가 슬슬 수그러든다 |

cool down은 기온이 낮아지면서 시원해지는 것을 의미합니다. 시원해진다는 뜻의 chill을 활용해 the weather starts to chill a little이라고 해도 좋고, the weather starts to get cooler처럼 말해도 좋죠.

❸ Summer is likely to linger well into September.

| 9월까지 여름이 이어질 것 같다 |

linger는 오래 머무르거나 쉽게 사라지지 않는 상태를 의미합니다. 9월까지 이어진다고 할 때 전치사 into를 활용했죠. '그는 40살을 훨씬 넘었다'라고 할 때 He's well into his 40s. 즉 '그는 40대에 깊숙이 들어갔다'라고 말하는 것과 같은 표현법입니다. well은 into를 강조하는 단어죠. 그래서 well into September는 '9월 깊숙이까지'라는 뜻으로, 기간이 길게 이어짐을 강조합니다.

❹ During this sweltering season, my little sources of relief are beer and naengmyeon.

| 이렇게 더운 때 나의 활력소는 맥주와 냉면이다 |

sources of relief는 '위안의 근원'이라고 직역할 수 있죠. 힘든 상황이나 불편함을 덜어주는 작은 위안이나 활력소를 의미합니다. 이렇게 힘들거나 스트레스가 많을 때 먹는 음식을 comfort food라고 하죠. 위 문장은 My comfort foods are beer and naengmyeon.이라고 말해도 좋습니다. sweltering season에서

sweltering은 숨막힐 듯한 더위를 묘사하는 단어입니다.

❺ A cold can of beer from the fridge feels like a reward at the end of the day.

| 냉장고에 보관해 둔 차가운 맥주 한 캔은 하루의 보상 같다 |

reward는 '보상'이나 '상'을 뜻하죠. at the end of the day는 하루가 끝난 시점이라는 의미이므로, a reward at the end of the day는 하루의 고생 뒤에 얻는 보상을 표현하죠.

❻ I treat it like a soft drink and only drink one.

| 음료수처럼 딱 한 캔만 마신다 |

soft drink는 술이 아닌 가볍게 마시는 음료수를 뜻하죠. 맥주를 음료수처럼 '다루는' 것이니 동사 treat를 활용해 treat it like a soft drink라고 표현하면 됩니다.

❼ But that one can brings surprising refreshment.

| 그 한 캔이 주는 청량감은 생각보다 크다 |

fresh와 refresh를 혼동하지 않도록 주의해야 합니다. fresh는 신선한 것을 가리키는 형용사이고, refresh는 청량감을 느끼게 한다는 뜻의 동사죠. '청량감'은 refreshment라고 할 수 있고, 청량감을 가져오는 것은 bring refreshment라고 표현하면 됩니다.

❽ the mild yet deep and cool broth

| 심심하면서도 깊고 시원한 육수 |

심심한 맛은 부드럽다는 뜻을 지닌 mild로 표현하면 적절합니다. mild yet deep은 자극적이지 않으면서도 은근히 풍미가 있다는 말이 되죠. '육수'가 broth이므로, cool broth는 시원한 육수를 일컫습니다.

❾ The mild yet deep and cool broth is incredibly soothing.

| 육수를 들이키면 속이 풀린다 |

soothe는 마음을 차분하게 하고 몸을 편안하게 한다는 뜻의 동사이고, 그런 느낌을 주는 것은 soothing하다고 묘사할 수 있죠.

❿ It's made from slow-simmered beef.

| 고기로 잘 고아 낸 육수다 |

조리 과정을 묘사하는 단어도 다양한데, simmer는 약한 불에 오래 끓이는 것을 말하죠. '고아 내다'에 잘 어울리는 단어입니다. slow까지 붙인 slow-simmered는 고기를 오래 천천히 끓여낸 과정을 강조하죠.

⓫ The soft noodles and neatly arranged toppings are simply irresistible.

| 부드러운 면발과 단정하게 올라간 고명은 사랑하지 않을 수 없다 |

여기서는 '고명'이라고 했지만, 이렇게 음식 위에 올린 재료나 양념, 장식은 topping이라고 하면 됩니다. neatly arranged toppings는 가지런히 정돈된 고명을 표현하죠. irresistible은 거절하기 어렵다는 뜻인데, simply irresistible은 너무 매력적이어서 거부할 수 없다는 의미를 강조합니다. '사랑하지 않을 수 없다'와 잘 어울리는 단어입니다.

Quick Quiz

1 더위가 꺾일 기세를 보이지 않는다.

The heat shows no signs of letting ______.

2 9월까지 여름이 이어질 것 같다.

Summer is likely to linger well ______ September.

3 냉장고에 보관해 둔 차가운 맥주 한 캔은 하루의 보상 같다.

A cold can of beer from the fridge feels like a ______ at the end of the day.

4 그 한 캔이 주는 청량감은 생각보다 크다.

But that one can brings surprising ______.

5 심심하면서도 깊고 시원한 육수를 들이키면 속이 풀린다.

The mild yet deep and cool broth is incredibly ______.

답 **1.** up **2.** into **3.** reward **4.** refreshment **5.** soothing

8월28일

입사 때부터 화상회의를 계속 했는데❶, 아직도 연결 문제로 짜증 나는 순간들이❷ 많다. 오늘도 화상회의를 하는데 연결이 계속 불안한지❸ 말이 끊기고 화면이 멈추고❹, 결국 짜증이 폭발했다❺. 욕설이 입 밖으로 튀어나왔는데❻, 그게 마이크를 통해 그대로 전달된 모양이다. 상대방이 "화가 많이 나셨나봐요"라며 웃으며 넘겨주긴 했지만❼, 순간 아차 싶었다. 만약 높은 사람이나 중요한 클라이언트였으면 큰일 날 뻔했다❽. 화상 연결이 된 줄도 모르고 혼잣말을 했다는 직장인 얘기를 들은 적 있는데, 그게 남 얘기만은 아니었다❾. 기술이 발전해도 이런 기본적인 연결 문제는 왜 이렇게 자주 생기는지 모르겠다. 직장생활은 실력도 중요하지만, 실수하지 않는 것도 중요하다❿. 특히 말실수는 회복이 어렵다⓫. 오늘 같은 실수가 없도록⓬ 조심해야겠다.

I've been **doing video calls** since the day I joined the company, but connection issues still **frustrate** me. During today's meeting too, the **connection was unstable**. My voice **was cutting out**, the **screen froze**, and eventually I **lost my temper**. A **curse word slipped out**, and apparently it went straight through the mic. The person on the other end of the line **laughed it off**, saying, "You must be really upset." I instantly regretted it. If it had been a senior executive or an important client, it **could've been a disaster**. I've heard stories of people talking to themselves, unaware they were already connected. Today, that was **not just someone else's problem**. Despite all the tech advancements, basic connection issues still happen far too often. In the workplace, **competence matters**, but so does **avoiding mistakes**. Words, once spoken, are hard to **take back**. I need to be more careful so I don't repeat today's **slip-up**.

❶ I've been doing video calls since the day I joined the company.
| 입사 때부터 화상회의를 계속 했다 |

과거부터 지금까지 이어져 온 행동을 강조하고 있으므로 현재완료진행형 I have been doing을 쓰고 있습니다. 입사한다고 할 때 대표적인 동사가 join이죠. join the company라고 표현하면 됩니다.

❷ Connection issues still frustrate me.
| 아직도 연결 문제로 짜증 나는 순간들이 많다 |

frustrate는 어떤 상황이나 문제가 사람을 짜증나게 하거나 좌절시킨다는 의미를 지닙니다. 원하는 대로 되지 않아 답답하고 짜증나는 심리를 표현하죠. 짜증이 나게 하는 원인을 주어 자리에 놓아 표현하면 되므로, 여기서는 connection issues, 즉 연결과 관련된 문제를 주어로 두었습니다.

❸ The connection was unstable.
| 연결이 계속 불안했다 |

unstable은 안정적이지 않고 계속 변하거나 흔들리는 상태를 표현합니다. 연결이 계속 끊어졌다는 의미에서 The connection kept cutting out. The connection kept breaking up.과 같이 표현해도 좋습니다.

❹ My voice was cutting out and the screen froze.
| 말이 끊기고 화면이 멈췄다 |

cut out은 소리나 신호가 중간에 끊기거나 불안정하게 들리는 상황을 나타냅니다. 얼어붙는다는 뜻의 freeze는 컴퓨터나 기기 화면이 멈추는 상황을 묘사하죠.

❺ Eventually, I lost my temper.
| 결국 짜증이 폭발했다 |

lose one's temper는 화를 참지 못하고 갑자기 폭발하는 것을 말합니다. 화를 내는 것과 관련된 영어 표현은 다양하죠. '폭발했다'라는 우리말과 비슷하게 Eventually, I exploded.처럼 표현해도 좋습니다.

❻ A curse word slipped out.

| 욕설이 입 밖으로 튀어나왔다 |

욕설은 swear word, curse word라고 하죠. profanity도 욕설을 뜻합니다. 욕설이 나도 모르게 입밖으로 나온 것이므로 slip out이라고 했죠. slip out은 통제하지 못한 말이나 비밀이 새어 나온다는 뜻입니다.

❼ The person on the other end of the line laughed it off.

| 상대방이 웃으며 넘겨주었다 |

the person on the other end of the line은 통화나 화상회의에서 상대방을 지칭하는 표현입니다. line으로 연결된 상태에서 상대편 끝에(end) 있는 사람이라는 뜻이죠. laugh something off는 심각하거나 불편한 상황을 대수롭지 않게 여기며 웃어넘긴다는 의미입니다. 동사 다음에 off를 붙여, 특정 감정을 없애는(off) 행동을 표현할 수 있죠. brush off는 빗자루로 쓸어버리며 없애다, 즉 별 것 아니라고 무시한다는 뜻이고, shrug off는 어깨를 으쓱하며 없애다, 즉 별로 중요하지 않다고 생각한다는 뜻입니다. shake off는 흔들어서 없애다, 즉 빨리 털어버리고 잊는다는 의미이죠.

❽ If it had been a senior executive or an important client, it could've been a disaster.

| 높은 사람이나 중요한 클라이언트였으면 큰일 날 뻔했다 |

큰 실수나 큰 문제는 좀 과장해서 재난(disaster)라고 말해도 좋습니다. 그런 일이 일어날 뻔했다는 의미에서 가정법 과거완료에 등장하는 could have been을 활용하고 있죠. 복잡한 문법 용어를 기억하기보다, could have been은 '~할 뻔했다'는 의미라고 기억하고 활용하는 것이 더 실용적입니다.

⑨ That was not just someone else's problem.

| 그게 남 얘기만은 아니었다 |

someone else's problem은 말 그대로 '다른 사람의 문제'라는 뜻이죠. 나와는 상관없는 일처럼 여겨지는 상황을 가리킵니다. not이 붙었으므로, 다른 사람에게만 해당되는 것이 아님을 강조합니다.

⑩ In the workplace, competence matters, but so does avoiding mistakes.

| 직장생활은 실력도 중요하지만, 실수하지 않는 것도 중요하다 |

matter는 '중요하다'라는 뜻의 동사로도 쓰이죠. competence matters는 직장에서 실력이 중요하다는 말이 됩니다. 뒤이어 나온 so does는 앞 문장에서 언급한 것과 동일하게 뒤의 내용도 중요하다는 점을 강조합니다. 그래서 but so does avoiding mistakes는 실수하지 않는 것도 똑같이 중요하다는 의미죠.

⑪ Words, once spoken, are hard to take back.

| 말실수는 회복이 어렵다 |

once spoken은 '말이 한 번 입 밖으로 나오면'이라는 뜻이죠. 말을 되돌리는 것을 take back이라고 했죠. take back은 철회한다는 의미로, 말이나 약속을 취소할 때 쓰입니다.

⑫ I need to be more careful so I don't repeat today's slip-up.

| 오늘 같은 실수가 없도록 조심해야겠다 |

slip-up은 작은 실수나 잘못을 뜻합니다. 미끄러진다는 의미의 slip을 활용한 표현이죠. so I don't repeat today's slip-up에서 so는 '~하기 위해서'라는 뜻입니다. so that으로 쓰기도 하고, so만으로 표현하기도 하죠.

Quick Quiz

1 아직도 연결 문제로 짜증 나는 순간들이 많다.

Connection issues still ______ me.

---

2 말이 끊기고 화면이 멈췄다.

My voice was cutting out and the screen ______.

---

3 결국 짜증이 폭발했다.

Eventually, I lost my ______.

---

4 상대방이 웃으며 넘겨주었다.

The person on the other end of the line laughed ______ ______.

---

5 높은 사람이나 중요한 클라이언트였으면 큰일 날 뻔했다.

If it had been a senior executive or an important client, it could've been a ______.

답 **1.** frustrate **2.** froze **3.** temper **4.** it off **5.** disaster

9월9일

나는 관대한❶ 사람이다. 화도 잘 안 낸다. 하지만 내가 도저히 용서 못 하는 게 있다. 바로 가을 모기다. 여름 내내 더위와 싸우며❷ 고생했는데, 이제 좀 시원해져서 푹 자겠구나❸ 싶을 때 모기가 덤빈다. 잠 좀 들만 하면 귓가에서 앵❹. 모기 잡다❺ 지쳐서 간신히 잠들면 또 나타나서 앵. 정말 짜증난다. 모기향을 켜고, 모기장까지 쳐도 꼭 한 놈은 살아남는다❻. 도대체 어디에 숨어 있다가 밤만 되면 나타나는 건지. 가을 모기는 여름 모기보다 더 얄밉다. 작고 빠르고, 물리면 더 가렵다❼. 오늘도 새벽에 모기 한 마리 때문에 뒤척이다가❽ 결국 불 켜고 사냥을 시작했다. 이게 무슨 삶인가 싶다. 하지만 포기하진 않을 거다. 수색대대 출신 김병장의 자존심을 걸고❾ 이 놈은 내가 꼭 잡는다.

I'm a very **tolerant** person. I rarely get angry. But there's one thing I cannot forgive: autumn mosquitoes. After **struggling with** the **brutal** summer heat, when I finally look forward to **peaceful** sleep in the cooler weather, they attack. Just as I'm about to fall asleep, they start **buzzing**. I get up to **hunt them down in vain** and fall asleep **exhausted**, and then they buzz again. It's maddening. Mosquito coils, nets, I've tried them all. Yet somehow, one always **makes it through**. Where do they hide all day, only to emerge at night? Autumn mosquitoes are even more annoying than summer ones. They're smaller, faster, and their **bites itch like crazy**. Last night, one had me **tossing and turning** until I finally flicked on the light and began the hunt. What kind of life is this? But I won't give up. **As a proud veteran of the Reconnaissance Battalion**, I swear I'll catch that little pest.

❶ **I'm a very tolerant person.**
| 나는 관대한 사람이다 |

tolerant는 다른 사람의 의견이나 행동을 받아들이고 이해하려는 태도를 뜻합니다. 관대함, 인내심, 포용력 등을 표현할 때 활용할 수 있죠.

❷ **after struggling with the brutal summer heat**
| 여름 내내 더위와 싸우며 고생했는데 |

어떤 어려움과 맞서 싸우는 모습은 struggle with로 표현할 수 있죠. brutal은 원래 잔인하고 무자비하다는 뜻인데, 혹독한 여름 더위를 강조하는 단어로도 적절합니다.

❸ **when I finally look forward to peaceful sleep in the cooler weather**
| 이제 좀 시원해져서 푹 자겠구나 싶을 때 |

look forward to는 어떤 일을 기대하거나 기다린다는 뜻이죠. 무엇을 기다리는지 그 내용을 바로 뒤에 쓰면 됩니다. 우리말은 '푹 자다'인데, 더위에 시달리지 않고 평화롭게 수면을 취하는 것이므로 peaceful sleep이라고 할 수 있죠. peaceful 대신 calm, deep, quiet과 같은 단어를 써도 좋습니다.

❹ **They start buzzing.**
| 귓가에서 모기가 앵앵거린다 |

buzz는 곤충이 날 때 나는 윙윙거리는 소리를 나타내며, 특히 모기나 벌 같은 작은 곤충을 묘사할 때 쓰입니다. buzz라는 단어의 소리, 특히 z 소리가 그런 소리를 연상시키죠. whining 이나 humming도 모기가 날아다니는 소리를 묘사하는 단어로 어울립니다.

❺ I get up to hunt them down in vain and fall asleep exhausted.

| 모기 잡다 지쳐서 간신히 잠이 든다 |

모기를 잡는 것은 catch로 표현할 수 있습니다. 여기서는 마치 사냥을 하는 것에 빗대어 hunt down이라고 했죠. down까지 붙이면 끝까지 추적해 잡는다는 뉘앙스가 강조됩니다. 그런 노력이 성공하지 못했으므로, 헛되다는 뜻인 in vain을 붙였죠.

❻ Yet somehow, one always makes it through.

| 꼭 한 놈은 살아남는다 |

make it through는 어려움이나 위기를 견뎌내고 살아남는다는 뜻을 지닌 표현입니다. yet은 접속사 but과 유사하게, 예상과 다른 결과를 강조할 때 쓰입니다.

❼ Their bites itch like crazy.

| 여름 모기는 물리면 더 가렵다 |

bite는 '물다'라는 동사 뜻 이외에, 물었을 때 생기는 자국이나 상처를 지칭하기도 합니다. 물리면 매우 가렵다는 말을 itch like crazy라고 했죠. like crazy는 '매우'라는 뜻이고, 정도를 과장해 강조할 때 자주 쓰이는 구어 표현입니다.

❽ Last night, one had me tossing and turning.

| 모기 한 마리 때문에 뒤척였다 |

toss and turn은 잠을 이루지 못하고 뒤척이는 모습을 묘사하는 관용 표현입니다. 모기가 나를 그렇게 만든 것이므로 사역동사 have를 활용해 one had me tossing and turning이라고 표현했죠.

❾ As a proud veteran of the Reconnaissance Battalion, I swear I'll catch that little pest.

| 수색대대 출신 김병장의 자존심을 걸고 이 놈은 내가 꼭 잡는다 |

'수색', '정찰'은 reconnaissance라고 하죠. [리카너썬쓰]처럼 발음합니다. battalion은 '대대'를 뜻하죠. veteran은 '베테랑'이라는 외래어로도 익숙한데, '참전용사'나 '전역자'를 일컫습니다. 그래서 as a proud veteran of the Reconnaissance Battalion은 '수색 대대에서 복무를 마치고 자랑스럽게 전역한 사람으로서'라는 뜻이죠. pest는 해충이라는 뜻이고, 여기서는 모기를 가리킵니다.

Quick Quiz

1 나는 관대한 사람이다.

I'm a very ______ person.

2 이제 좀 시원해져서 푹 자겠구나 싶을 때

when I finally look forward to ______ sleep in the cooler weather

3 귓가에서 모기가 앵앵거린다.

They start ______.

4 꼭 한 놈은 살아남는다.

Yet somehow, one always makes it ______.

5 모기 한 마리 때문에 뒤척였다.

Last night, one had me ______ and ______.

답 **1.** tolerant **2.** peaceful **3.** buzzing **4.** through **5.** tossing, turning

9월17일

나는 미니멀리스틱한 라이프를 추구한다❶. 물건 사는 데에 크게 관심이 없다❷. 물건이 많으면 관리도 힘들고, 공간만 차지하는 것 같아 가능한 한 단순하게 살려고 한다. 하지만 그렇다고 소비를 완전히 멀리하는 건 아니다. 요즘 보면 좀 지나친 미니멀리스트들도 있는❸ 것 같다. 얼마 전 일본 미니멀리스트를 소개하는 동영상을 봤는데, 아이에게 장난감도 사주지 않고, 장난감을 들고 있는 것처럼 상상하며 놀게 한다는❹ 사람이 나왔다. 그건 정말 너무하다는 생각이 들었다❺. 아이에게는 상상력뿐 아니라, 실제로 만지고 느끼는 경험도 중요하지 않을까. 소비를 어느 정도는 해야 경제도 돌아가지❻ 모두가 허리띠를 졸라매기만❼ 하면 소상공인들은 어떻게 먹고사나? 너무 많이 사는 것도 문제지만, 너무 안 사는 것도 문제다❽. 뭐든 과도하면 안 되는❾ 것 같다.

I **pursue** a minimalist lifestyle. I'**m not drawn to** shopping. Too many possessions are hard to manage and just take up space, so I try to keep things simple. But that doesn't mean I avoid consumption altogether. These days, I've noticed some minimalists **taking things too far**. I recently watched a video about a Japanese minimalist who doesn't even buy toys for their child, **encouraging** them to **pretend** they're holding one instead. That **struck me as a bit much**. For children, imagination is important, but so is the experience of touching and interacting with real objects. Also, some level of consumption is necessary for the economy to **function**. If everyone only **tightens their belts**, how are small business owners supposed to survive? **Overconsumption** is a problem, but so is **underconsumption**. Like most things in life, **balance is key**.

❶ I pursue a minimalist lifestyle.

| 나는 미니멀리스틱한 라이프를 추구한다 |

어떤 삶을 추구한다고 할 때, 그런 삶을 사는 사람을 일컫는 말 뒤에 lifestyle을 넣어 표현할 수 있습니다. 그래서 pursue a minimalist lifestyle는 미니멀리스트의 삶, 즉 단순하고 절제된 삶을 지향한다는 의미가 되죠.

❷ I'm not drawn to shopping.

| 물건 사는 데에 크게 관심이 없다 |

be drawn to는 be interested in과 비슷하게, 어떤 것에 끌리거나 관심을 지니는 상황을 나타냅니다. 그래서 I'm not drawn to shopping.은 쇼핑에 관심이 없다는 말이 되죠.

❸ These days, I've noticed some minimalists taking things too far.

| 요즘 보면 좀 지나친 미니멀리스트들도 있다 |

I've noticed는 내가 관찰하거나 경험을 통해 깨달았다는 뜻이죠. take things too far는 어떤 것을 멀리 가져간다는 뜻인데, 어떤 행동이나 태도가 너무 극단적이라는 의미도 됩니다. '먼 거리'와 '극단적인 정도'를 동일시해서 표현한 거죠.

❹ He encouraged his child to pretend they're holding one instead.

| 장난감을 들고 있는 것처럼 상상하며 놀게 한다 |

pretend은 실제로는 그렇지 않지만 마치 그런 것처럼 행동하는 것을 뜻하죠. 뒤에 주어+동사가 있는 문장을 붙여, 그런 행동의 내용을 표현하면 됩니다.

❺ That struck me as a bit much.

| 그건 정말 너무하다는 생각이 들었다 |

struck은 '때리다'가 기본 뜻인 strike의 과거형이죠. strike는 어떤 인상을 주거나 특정한 감정을 불러일으킨다는 의미도 지닙니다. 여기서는 as와 함께 '~라는 인상을 준다'는 뜻이죠. a bit much라고 했으므로, 좀 과하다는 인상을 준다는 말입니다.

❻ Also, some level of consumption is necessary for the economy to function.

| 소비를 어느 정도는 해야 경제도 돌아간다 |

'기능', '기능하다'라는 뜻을 지닌 function을 활용해 the economy to function이라고 하면, 경제가 제대로 작동하고 운영된다는 의미가 됩니다. 사람을 주어로 쓸 수도 있는 동사라서, 가령 Without coffee, I can't function in the morning.라고 하면, '커피 없이는 아침에 뭘 못 한다'라는 뜻입니다.

❼ If everyone only tightens their belts, how are small business owners supposed to survive?

| 모두가 허리띠를 졸라매기만 하면 소상공인들은 어떻게 먹고사나? |

tighten their belts은 허리띠를 졸라맨다는 뜻이지만, 소비를 줄이고 절약한다는 의미로도 쓰입니다. 우리말과 비유 방식이 같죠. be supposed to는 should와 비슷하게, 어떻게 해야 한다는 의미죠. How are small business owners supposed to survive?처럼 의문문에 활용하면, 현실적으로 불가능하거나 어려운 일에 대해 묻는 말이 됩니다. 여기서는 자영업자들이 어떻게 해야 하는지를 묻는 질문이죠

❽ Overconsumption is a problem, but so is underconsumption.

| 너무 많이 사는 것도 문제지만, 너무 안 사는 것도 문제다 |

consumption 앞에 over-와 under-를 붙여 상반되는 뜻을 표현하고 있죠. but so is는 앞의 내용과 뒤의 내용이 마찬가지임을 강조할 때 쓰는 구문이죠.

❾ Like most things in life, balance is key.

| 뭐든 과도하면 안 된다 |

balance는 균형이나 조화를 의미하므로, 과하지도 부족하지도 않은 상태를 나타내죠. ~ is key는 어떤 것이 핵심적이고 가장 중요한 요소라는 점을 표현하는 구문입니다.

Quick Quiz

1 나는 미니멀리스틱한 라이프를 추구한다.

I ______ a minimalist lifestyle.

2 물건 사는 데에 크게 관심이 없다.

I'm not ______ to shopping.

3 요즘 보면 좀 지나친 미니멀리스트들도 있다.

These days, I've noticed some minimalists taking things too ______.

4 그건 정말 너무하다는 생각이 들었다.

That ______ me as a bit much.

5 너무 많이 사는 것도 문제지만, 너무 안 사는 것도 문제다.

Overconsumption is a problem, but so is ______.

답 **1.** pursue **2.** drawn **3.** far **4.** struck **5.** underconsumption

9월22일

요즘 같은 기술 발달의 시대에, 블록체인, 인공지능 같은 이야기를 들으면 머리가 아프다❶. 알아야 할 것도 많고, 변화의 속도도 너무 빠르다❷. 문돌이인 나로서는 따라잡기가 벅차다❸. 오늘 개발팀 장대리랑 점심을 먹으면서 얘기했는데, 솔직히 반 이상 이해가 안 됐다. 장대리가 마치 다른 언어를 쓰는 사람처럼❹ 느껴졌다. 이런 경험을 할 때마다 나도 이공계를 갔어야 했나❺ 하는 후회가 밀려온다. 이공계가 전망이 밝다는❻ 걸 몰랐던 건 아니지만, 그쪽에 소질도 흥미도 없어서❼ 자연스럽게 문과를 택했었다. 그런데 요즘은 그 선택이 후회된다. 기술이 중심이 되는 세상에서 도태되는 건 아닐까❽ 불안해진다. 결론은 더 노력하는 수밖에 없다. 완벽하게 이해하지 못하더라도❾, 흐름을 읽고 대화에 낄 수 있을 정도는 되어야 한다. 아, 정말 나이 먹을수록 해야 될 것들이 많구나❿.

In this age of technology, just hearing words like "blockchain" or "AI" **makes my brain ache**. There's so much to learn, and the pace of change is **overwhelming**. As someone **with a humanities background**, I find it hard to **keep up**. Just today, I had lunch with Chang from the development team, and even after his explanation, I honestly didn't understand half of what he said. It was like **listening to a foreign language**. Moments like that make me wonder if I **should've gone into a STEM field**. I knew those fields had a **promising** future, but I **lacked both the talent and interest**, so I naturally chose the humanities. Now, I regret that choice. In a world increasingly driven by technology, I worry about **being left behind**. In the end, all I can do is try harder. Even if I can't fully **grasp** everything, I should at least be able to follow the trends and join the conversation. **Growing older just means** there's always more to **catch up on**.

❶ In this age of technology, just hearing words like "blockchain" or "AI" makes my brain ache.
| 요즘 같은 기술 발달 시대에 블록체인, 인공지능 같은 이야기를 들으면 머리가 아프다 |

In this age of ~는 '~라는 시대에'라는 뜻이죠. age 대신 era라고 해도 좋습니다. ~ makes my brain ache는 '~이 머리가 아프게 만든다'는 뜻이고, 정신적으로 부담스럽거나 어렵다는 비유적 표현도 됩니다. ~ gives me headache라고 해도 머리가 아프게 만든다는 뜻이죠.

❷ The pace of change is overwhelming.
| 변화의 속도도 너무 빠르다 |

overwhelming은 어떤 감정이나 상황이 너무 강렬하여 감당하기 어려운 상태를 뜻합니다. 긍정적으로는 기쁨이나 감동을 표현할 때 쓰이고, 부정적으로는 부담이나 혼란을 나타낼 때도 있습니다. 여기서는 변화의 속도가 너무 빨라서 압도적이고 감당하기 힘들다는 의미로 쓰였죠.

❸ As someone with a humanities background, I find it hard to keep up.
| 문돌이인 나로서는 따라잡기가 벅차다 |

'인문학'을 humanities라고 하죠. humanities background은 인문학적 배경을 뜻하며, someone with a humanities background는 '문과 출신인 사람'이라는 말이 됩니다. keep up은 빠르게 변화하거나 발전하는 상황을 따라잡는다는 의미입니다.

❹ It was like listening to a foreign language.
| 마치 다른 언어를 쓰는 사람처럼 느껴졌다 |

낯선 언어를 듣는 것 같았다는 의미로 It was like listening to a foreign language.라고 했죠. 이런 의미로 쓰는 관용 표현에 It was all Greek to me.가 있습니다. '마치 그리스어를 듣는 것 같았다'는 뜻인데, 무슨 말인지 전혀 이해가 가지 않았다는 의미입니다.

❺ Moments like that make me wonder if I should've gone into a STEM field.

| 이럴 때마다 이공계를 갔어야 했나 하는 후회가 밀려온다 |

영어권 국가에서는 문과와 이과를 나누는 것이 자연스럽지 않기 때문에, '문과' 만큼이나 '이공계'를 표현하기도 쉽지 않습니다. 여기서는 요즘 많이 들을 수 있는 STEM이라는 표현을 썼죠. STEM은 Science, Technology, Engineering, and Mathematics의 첫 자를 딴 말로, 과학, 기술, 공학, 수학을 가리킵니다. STEM field라고 하면 '이공계'와 잘 어울리죠.

❻ I knew those fields had a promising future.

| 이공계가 전망이 밝다는 걸 알고 있었다 |

promising future는 미래가 밝고 발전 가능성이 크다는 표현으로 자주 쓰입니다. '약속하다'에서 파생한 '전망이 밝다'는 의미이니 오역하지 않도록 주의해야 하죠.

❼ I lacked both the talent and interest, so I naturally chose the humanities.

| 그쪽에 소질도 흥미도 없어서 자연스럽게 문과를 택했었다 |

우리나라에서 '문과'에는 인문학 이외에 경영학, 경제학, 사회과학 등이 모두 포함되지만, 이 모두를 포괄하는 영어 표현은 없습니다. 여기서도 '인문학'에 해당하는 humanities로 '문과'를 표현하고 있죠.

❽ In a world increasingly driven by technology, I worry about being left behind.

| 기술이 중심이 되는 세상에서 도태되는 건 아닐까 불안해진다 |

be left behind는 변화나 발전을 따라가지 못해 뒤처진다는 뜻입니다. a world increasingly driven by technology는 기술이 점점 더 중심이 된다는 뜻인데, driven은 밀고 나가거나 발전시키는 동력이 되는 것을 표현하는 단어입니다.

❾ Even if I can't fully grasp everything, I should at least be able to follow the trends and join the conversation.

| 완벽하게 이해하지 못해도, 흐름을 읽고 대화에 낄 수 있을 정도는 되어야 한다 |

grasp의 기본 뜻은 '잡다'인데, 이해한다는 비유적인 의미도 지닙니다. fully grasp라고 하면 완벽하게 이해한다는 말이 되죠. follow the trends는 흐름이나 유행을 따라간다는 뜻이고, join the conversation은 대화에 참여한다는 말이죠.

❿ Growing older just means there's always more to catch up on.

| 나이 먹을수록 해야 될 것들이 많아진다 |

catch up은 경쟁 상대를 따라잡는다는 기본 뜻을 지니지만, catch up on은 밀린 일을 따라잡거나 해야 할 일을 처리한다는 뜻을 지닙니다. Growing older just means ~는 나이가 들어가는 것의 의미가 무엇인지, 즉 나이 먹으면서 해야 할 일이 무엇인지를 설명하는 구문이죠.

Quick Quiz

1 변화의 속도도 너무 빠르다.

The pace of change is ________.

2 문돌이인 나로서는 따라잡기가 벅차다.

As someone with a humanities background, I find it hard to ________ ________.

3 이공계가 전망이 밝다는 걸 알고 있었다.

I knew those fields had a ________ future.

4 기술이 중심이 되는 세상에서 도태되는 건 아닐까 불안해진다.

In a world increasingly driven by technology, I worry about being ________ ________.

5 나이 먹을수록 해야 될 것들이 많아진다.

Growing older just ________ there's always more to catch up on.

답 **1.** overwhelming **2.** keep up **3.** promising **4.** left behind **5.** means

10~12월의 일기

10월7일

추석 연휴 마지막 날이다. 몇 년 전처럼 일주일을 내리 쉴❶ 수 있는 건 아니지만, 그래도 주말까지 4일을 쉴 수 있었다. 추석 당일만 부모님과 친척 집에 가고 나머지 날은 집에서 쉬었다. 휴가 붙여서 해외여행 가는❷ 사람도 있지만, 수요가 몰릴 때 여행사에 쓸데없는 프리미엄 지불하는 것❸ 같아 안 하기로 했다❹. 명절에 친척들이 모여 취직이나 결혼에 대해 묻는 것도 이제는 옛날 얘기다❺. 그만큼 서로의 삶에 깊이 관여하지 않는❻ 시대가 된 것 같다. 한국 사회에서 공동체의식이 사라진다는❼ 의미인가? 10년, 20년 후 과연 명절과 연휴가 어떻게 변해 있을지 모르겠다. 오히려 줄이자는 얘기가 나오는 건 아닐지. 하긴 연휴 마지막에는 지루하다는 생각도 들었다. 내일 아침 출근길에는 다시 연휴를 그리워할지도❽ 모르겠지만, 지금 같아서는 출근이 기다려진다❾.

It's the last day of the Chuseok holiday. It wasn't the **luxurious week-long break** we had a few years ago, but I got four days off, including the weekend. I only visited my parents and relatives on Chuseok day, and spent the rest of the time resting at home. Some people **extend their break** for overseas trips, but I **opted out**. Traveling during peak season just feels like **paying a premium** to travel agencies. **Gone are the days when** family gatherings meant asking questions about jobs or marriage. These days, it seems people don't get too **involved in** each other's lives anymore. Does that mean the **sense of community** in Korean society is **fading**? I wonder what holidays will look like in 10 or 20 years. Maybe people will even suggest shortening them. To be honest, I did start to feel a bit bored toward the end of the break. Maybe I'll **miss the holiday** again during tomorrow's commute, but for now, I'm looking **forward to getting back to work**.

❶ It wasn't the luxurious week-long break we had a few years ago.
| 몇 년 전처럼 일주일을 내리 쉴 수 있는 건 아니다 |

일주일을 내리 쉰 것은 '호화로운' 연휴이므로 luxurious week-long break라고 했죠. break는 휴식이나 휴식 기간을 의미하는 표현입니다. vacation이나 holiday라고 해도 좋죠.

❷ Some people extend their break for overseas trips.
| 휴가 붙여서 해외여행 가는 사람도 있다 |

extend가 연장한다는 뜻이므로, extend their break은 휴가를 더 길게 늘린다는 의미가 됩니다. 길게 늘인다는 뜻의 stretch를 활용해 stretch their break라고 해도 좋습니다.

❸ But I opted out.
| 난 그러지 않았다 |

선택지를 뜻하는 option(옵션)과 어원이 같은 opt는 선택한다는 뜻을 지닙니다. opt out은 그런 선택을 하지 않았다는 뜻이죠. not choose의 의미로 활용하면 됩니다.

❹ Traveling during peak season just feels like paying a premium to travel agencies.
| 수요가 몰릴 때 여행사에 쓸데없는 프리미엄 지불하는 것 같다 |

'피크 시즌'이라는 외래어를 그대로 영어로 옮겨 peak season이라고 하면 '성수기'가 됩니다. pay a premium은 추가 비용이나 불필요하게 비싼 값을 지불한다는 뜻이죠. 이렇게 외래어 '프리미엄'은 premium으로 표현하면 되는데, 추가 비용이라는 의미로 extra fee 혹은 surcharge라고 해도 좋습니다.

❺ Gone are the days when family gatherings meant asking questions about jobs or marriage.

| 명절에 취직이나 결혼에 대해 묻는 것도 이제는 옛날 얘기다 |

Gone are the days ~는 '이제는 그런 시절이 지났다'는 뜻입니다. The days are gone.의 도치된 형태죠. 어떤 시절인지는 days 다음에 when을 붙여 설명하면 됩니다. gathering은 모임을 뜻하죠. 명절이나 특별한 날의 가족 모임은 family gathering이라고 할 수 있습니다.

❻ These days, it seems people don't get too involved in each other's lives anymore.

| 서로의 삶에 깊이 관여하지 않는 시대가 되었다 |

involve는 '관여하다'라는 뜻이죠. 보통 수동형으로 get involved in ~라고 하면, ~에 관여한다는 말이 됩니다. in each other's lives라고 했으므로 서로의 삶에 관여하지 않는다는 의미입니다.

❼ Does that mean the sense of community in Korean society is fading?

| 한국 사회에서 공동체의식이 사라진다는 뜻인가 |

'공동체의식'은 sense of community라고 표현하면 되죠. fade는 점차 사라진다는 뜻인데, 개념의 약화를 나타내기도 합니다.

❽ Maybe I'll miss the holiday again during tomorrow's commute.

| 출근길에는 다시 연휴를 그리워할지도 모른다 |

commute는 '출퇴근하다'라는 동사 뜻과 '출퇴근'이라는 명사 뜻을 모두 지니죠. 여기서는 후자로 쓰였습니다. 출퇴근을 하는 동안에는 다시 연휴를 그리워할 것이라는 의미에서 '그리워하다'라는 뜻인 miss를 활용하고 있습니다.

9 But for now, I'm looking forward to getting back to work.

| 지금 같아서는 출근이 기다려진다 |

I'm looking forward to는 어떤 일을 기대하거나 기다린다는 긍정적인 감정을 표현할 때 쓰입니다. to 다음에 -ing 형태가 나옵니다. get back to work는 다시 일터로 돌아간다는 뜻으로, 휴식이나 다른 활동 후에 업무로 복귀하는 상황을 나타내죠.

Quick Quiz

1 휴가 붙여서 해외여행 가는 사람도 있다.

Some people ______ their break for overseas trips.

2 난 그러지 않았다.

But I opted ______.

3 명절에 취직이나 결혼에 대해 묻는 것도 이제는 옛날 얘기다.

______ are the days when family gatherings meant asking questions about jobs or marriage.

4 서로의 삶에 깊이 관여하지 않는 시대가 되었다.

These days, it seems people don't get too ______ in each other's lives anymore.

5 지금 같아서는 출근이 기다려진다.

But for now, I'm looking forward to ______ ______ to work.

답 **1.** extend **2.** out **3.** Gone **4.** involved **5.** getting back

10월14일

물질적 성공이 전부는 아니라는❶ 걸 알면서도 요즘 들어 자꾸만 돈에 대한 생각이 많아진다❷. 처음엔 그저 월급 받고 살아가는 게❸ 당연하다고 생각했는데 재무팀 팀장님처럼 주식이나 부동산으로 큰 돈을 벌었다는❹ 사람들을 보면 마음이 복잡해진다❺. 그분은 언제든 여유로워 보이고, 회의 때도 자신감이 넘친다. 돈이 주는 안정감일까. 나도 그렇게 되고 싶다는❻ 생각을 하게 된다. 물론 돈만 많다고 행복한 건 아니다. 건강이 나빠지거나 인간관계가 무너지면❼ 아무리 돈이 많아도 소용없다❽. 그렇지만 돈을 무시할 수는 없다. 직장에 계속 다니는 것 외에❾ 별 대안이 없는 나에게, 이런 고민의 결론은 언제나 비슷하다. 묵묵히 일하며 나를 조금씩 성장시키는❿ 게 결국 내가 생각하는 성공에 가까워지는⓫ 길인 것 같다.

I know **financial success** isn't everything, but lately, money has been **occupying more space in my thoughts**. At first, I thought it was natural to just **live off my salary**. But when I see people like the finance team leader, **I feel conflicted**. He is known to have **made a fortune** through stocks and real estate. He always seems relaxed and confident, even in meetings. Is that the kind of stability money brings? I often **find myself wishing I could be like that** too. Of course, money doesn't guarantee happiness. If your **health declines** or **relationships fall apart, no amount of wealth can fix that**. However, money can't be ignored. For someone like me, who doesn't have other **options beyond being a salaried employee**, the conclusion is always the same: doing my job and **growing in my career** is probably the **closest path to the kind of success I envision**.

❶ I know financial success isn't everything.

| 물질적 성공이 전부는 아니다 |

financial success는 물질적/재정적 성공을 뜻하죠. '돈'을 말할 때 money라는 말 대신, 덜 직설적으로 finance, financial을 활용하는 경우가 많습니다.

❷ Money has been occupying more space in my thoughts.

| 자꾸만 돈에 대한 생각이 많아진다 |

occupy more space는 더 많은 공간을 차지한다는 뜻인데, 생각이나 마음속에서 비중이 커지고 있음을 강조할 때 활용해도 좋죠. in my thoughts라고 했으니 내 생각 속에서 많은 자리를 차지한다는 뜻입니다. 결국 돈 생각을 더 한다는 말이므로 I've been thinking about money a lot.이라고 표현하거나, 뭔가 계속 생각이 난다고 할 때 쓰는 on my mind를 활용해 Money's been on my mind more than usual.이라고 해도 좋습니다.

❸ I thought it was natural to just live off my salary.

| 월급 받고 살아가는 게 당연하다고 생각했다 |

live off는 어떤 수입이나 자원에 의존해 살아간다는 의미로, 어떻게 먹고 사는지를 말할 때 등장합니다. just live off my salary라고 했으므로 단순히 월급만으로 살아간다는 뜻이죠. live off 다음에 수입원을 넣어 표현하면 됩니다. 저축으로 살아가면 live off savings, 연금으로 살아가면 live off pensions, 부모님 지원으로 살아가면 live off parents처럼 말할 수 있죠.

❹ He is known to have made a fortune through stocks and real estate.

| 주식이나 부동산으로 큰 돈을 벌었다고 한다 |

be known to는 '~라고 알려져 있다'는 뜻이죠. make a fortune는 큰 돈을 벌었다는 의미입니다. fortune이 '행운'을 뜻하지만 '큰 돈'을 말하기도 하죠.

❺ I feel conflicted.

| 마음이 복잡해진다 |

conflicted는 서로 다른 감정이나 생각이 충돌해 마음이 복잡하다는 뜻을 지닙니다. 긍정과 부정 같은 상반된 감정이 부딪힐 때, 또는 선택의 갈림길에 처했을 때 활용하면 되죠.

❻ I often find myself wishing I could be like that too.

| 나도 그렇게 되고 싶다는 생각을 하게 된다 |

I often find myself ~는 '자주 ~하고 있는 내 자신을 발견한다'라고 번역할 수 있죠. 특히 무의식적으로 어떤 행동이나 생각을 하고 있음을 표현할 때 쓰입니다. 소망하거나 바란다는 wish는 가정법 시제를 따르므로, '나도 그렇게 될 수 있으면 좋겠다'는 I could be like that too처럼 조동사의 과거형 could로 표현했습니다.

❼ if your health declines or relationships fall apart

| 건강이 나빠지거나 인간관계가 무너지면 |

하락한다는 뜻의 decline은 if your health declines에서처럼 건강 상태가 나빠지는 것을 표현할 수도 있죠. fall apart는 완전히 붕괴되고 유지되지 못하는 상태를 표현합니다. 그래서 Relationships fall apart.는 '인간관계가 무너지다'라는 의미가 되죠.

❽ No amount of wealth can fix that.

| 아무리 돈이 많아도 소용없다 |

No amount of wealth can fix that.은 '어떤 재산도 그것을 해결할 수 없다'라고 직역할 수 있죠. fix는 고치거나 수리한다는 뜻이므로, 회복할 수 없다는 의미를 잘 전달합니다. 좀 더 드라마틱하게 All the money in the world can't fix that.이라고 할 수도 있죠. '세상 돈을 다 써도 해결이 안 된다'라는 의미입니다.

❾ for someone like me who doesn't have other options beyond being a salaried employee

| 직장에 계속 다니는 것 외에 별 대안이 없는 나에게 |

salaryman은 올바른 영어 표현이 아니죠. '월급을 받는 노동자'는 salaried worker/employee라고 해야 합니다. paid worker, wage worker라고 해도 같은 말이죠. other options가 다른 선택지나 대안을 의미하므로, beyond being a salaried employee를 붙이면 월급을 받는 직장인으로 살아가는 것 이상의 대안이 없다는 뜻이 됩니다.

❿ doing my job and growing in my career

| 나를 조금씩 성장시키는 게 |

grow는 육체적, 정신적으로 성장하는 것 이외에 직장 생활에서 발전하고 성장한다는 의미도 지닙니다. 특히 grow in my career라고 하면, '커리어 속에서 성장한다', 즉 경력과 능력을 발전시켜 나간다는 말이 됩니다.

⓫ probably the closest path to the kind of success I envision

| 내가 생각하는 성공에 가까워지는 길 |

'길'을 뜻하는 path는 목표에 도달하기 위한 방법을 의미하기도 하죠. envision은 단순히 '생각하다'가 아니라, 구체적으로 마음속에 그려보는 미래상을 표현할 때 쓰이죠. 그래서 the kind of success I envision은 '내가 마음속에 그리는 성공의 모습'이라는 뜻입니다.

Quick Quiz

1 자꾸만 돈에 대한 생각이 많아진다.

Money has been occupying more ______ in my thoughts.

2 월급 받고 살아가는 게 당연하다고 생각했다.

I thought it was natural to just live ______ my salary.

3 주식이나 부동산으로 큰 돈을 벌었다고 한다.

He is known to have made a ______ through stocks and real estate.

4 마음이 복잡해진다.

I feel ______.

5 건강이 나빠지거나 인간관계가 무너지면

if your health declines or relationships fall ______

답 **1.** space **2.** off **3.** fortune **4.** conflicted **5.** apart

10월28일

몇 년 전 부모님이 아는 한의원에 갔을 때❶, 그 한의사분이 서른 넘으면 몸이 달라진다고 했던 말이 떠오른다. 그땐 그냥 흘려들었는데❷, 요즘 그 말이 실감 난다❸. 피부도 예전 같지 않고, 체력도 금방 떨어지고❹, 회복도 느려졌다. 예전엔 밤새워도 멀쩡했는데❺ 이제는 어림도 없다❻. 항상 청년일 것만 같았던 내가 벌써 30대라니. 젊고 건강해 보이는 40대, 50대가 되려면❼ 지금부터 관리해야겠다는 생각이 든다. 운동도 꾸준히 하고 먹는 것도 신경 써야겠다. 예전엔 아무거나 먹어도 괜찮았는데, 이제는 속도 더부룩하고❽ 살도 쉽게 찐다. 건강은 한순간에 무너지는 게 아니라, 조금씩 무너지는❾ 거라는 말이 실감 난다. 직장생활도 체력이 있어야 버틸 수 있다❿. 오늘이 가장 젊다⓫. 당장 지금부터 몸을 챙겨야한다.

A few years ago, I visited an **oriental medicine clinic run by my parents' acquaintance**. The doctor told me, "After thirty, your body starts to change." I **brushed it off** then, but these days, I **really feel it**. My skin isn't the same, my **stamina drops** quickly, and recovery takes longer. I used to be **fine pulling all-nighters**, but now that's **out of the question**. I always thought I'd stay young, but here I am in my thirties. If I want to stay healthy and **youthful-looking into my forties and fifties**, I need to start taking care of myself now. I should exercise regularly and be more mindful of what I eat. I used to be able to eat anything without issue, but now I feel **bloated** easily and gain weight faster. I've come to realize that **health doesn't collapse all at once but it erodes gradually**. Even work life requires physical strength to **keep up**. **Today is the youngest I'll ever be**. It's time to start taking care of my body.

❶ A few years ago, I visited an oriental medicine clinic run by my parents' acquaintance.

| 몇 년 전에 부모님이 아는 한의원에 갔다 |

한의원은 동양 의학이나 한국 전통 의학을 취급하므로 oriental medicine clinic, Korean medicine clinic 정도로 표현하면 됩니다. run은 기관이나 조직을 운영한다는 뜻도 지니죠. run by my parents' acquaintance라고 하면, 부모님의 지인이 운영한다는 말이 되죠.

❷ I brushed it off then.

| 그땐 그냥 흘려들었다 |

then은 '그 당시에는'이라는 뜻이죠. brush off는 '빗질을 해서 없애 버렸다'라고 직역할 수 있는데, 어떤 말을 대수롭지 않게 여기거나 신경 쓰지 않고 넘겼다는 말입니다.

❸ But these days, I really feel it.

| 요즘 그 말이 실감 난다 |

I really feel it.은 어떤 말이나 상황이 실제로 피부에 와닿는다, 실감이 난다는 뜻이죠. 실감난다고 할 때 쓸 수 있는 표현은 다양합니다. It's hitting me hard.라고 해도 '나를 세게 때린다' 즉 실감이 난다는 뜻이고, feel 대신 감각한다는 뜻인 sense를 활용해 These days, I can truly sense it.이라고 해도 됩니다. 어떤 것이 실감나게 느껴진다는 뜻인 sink in을 활용해 It's sinking in.이라고 해도 같은 뜻이죠.

❹ My stamina drops quickly.

| 체력도 금방 떨어진다 |

stamina는 체력이나 지구력을 나타내는 표현으로, 신체적 정신적 에너지를 말합니다. 감소하거나 떨어진다는 뜻인 drop을 활용해 체력이 떨어지는 것을 표현할 수 있죠.

❺ I used to be fine pulling all-nighters.
| 예전엔 밤새워도 멀쩡했다 |

'pull an all-nighter는 밤을 새우며 공부하거나 일한다는 뜻입니다. '올나잇한다'라는 표현 때문에 all night으로 표현하지 않도록 주의해야 하죠. all-nighter라고 반드시 er를 붙여 표현해야 합니다. 어떤 일을 해도 괜찮다고 할 때는 be fine 다음에 -ing 형태를 붙여 말하면 됩니다. 가령 I'm fine walking instead of taking the bus.라고 하면, '버스 안 타고 걸어도 괜찮아요'라는 말입니다.

❻ Now that's out of the question.
| 이제는 어림도 없다 |

out of the question은 질문할 수 없다는 뜻이 아니라 불가능하거나 허용되지 않는다는 의미입니다. impossible은 그런 일 자체가 일어날 가능성이 없다는 뜻이고, out of the question은 허용되지 않는다는 말이죠. 뉘앙스에 차이가 있습니다.

❼ if I want to stay healthy and youthful-looking into my forties and fifties
| 젊고 건강해 보이는 40대, 50대가 되려면 |

into my forties and fifties는 '40대와 50대까지'라는 뜻이죠. 연령대에 깊숙이 들어가서도(into) 건강한 모습을 보여야 한다는 의미로 전치사 into를 활용했습니다. youthful-looking은 '젊어 보이는'이라는 뜻이죠. 형용사 뒤에 -looking을 붙이면 '~해 보이는'이라는 말이 됩니다. healthy-looking, strange-looking, tired-looking 등 다양하게 활용할 수 있죠.

❽ But now I feel bloated easily and gain weight faster.
| 속도 더부룩하고 살도 쉽게 찐다 |

bloated는 크게 부푼 모습을 가리킵니다. 그래서 I feel bloated.는 속이 더부룩한 느낌을 표현하죠. 체중이 늘어난다고 할 때 쓰는 동사는 gain입니다. gain weight, put on weight 모두 살이 찐다는 뜻이죠.

❾ Health doesn't collapse all at once, but it erodes gradually.

| 건강은 한순간에 무너지는 게 아니라, 조금씩 무너지는 거다 |

collapse는 갑작스럽게 무너지는 상황을 나타내며, 심각한 변화나 위기를 표현할 때 쓰입니다. 반면, erode는 조금씩 닳아 없어지거나 약해지는 과정을 묘사하죠. gradually와 함께 점진적으로 일어나는 변화를 강조하고 있죠.

❿ Even work life requires physical strength to keep up.

| 직장생활도 체력이 있어야 버틸 수 있다 |

keep up은 보조를 맞추거나 유지하는 것을 뜻하죠. require는 필요로 한다는 뜻이므로, require physical strength라고 하면, 신체적 힘, 즉 체력을 필요로 한다는 말이 됩니다.

⓫ Today is the youngest I'll ever be.

| 오늘이 가장 젊다 |

I'll ever be는 '내가 앞으로 경험할 수 있는 모든 시간 중에서'라는 뜻입니다. the youngest state that I will ever be in my life에서 일부 단어들을 생략하고 간결히 표현한 것이죠. 즉 내가 앞으로 살면서 겪을 젊은 시간들 중에서 오늘이 가장 젊은 순간이라는 뜻입니다. I am youngest today. 혹은 Today, I am at my youngest.처럼 표현해도 좋습니다.

Quick Quiz

1 그땐 그냥 흘려들었다.

I brushed it ______ then.

2 예전엔 밤새워도 멀쩡했다.

I used to be fine ______ all-nighters.

3 이제는 어림도 없다.

Now that's out of the ______.

4 젊고 건강해 보이는 40대, 50대가 되려면

if I want to stay healthy and youthful-looking ______ my forties and fifties

5 직장생활도 체력이 있어야 버틸 수 있다.

Even work life requires physical strength to ______ ______.

답 **1.** off **2.** pulling **3.** question **4.** into **5.** keep up

11월3일

부장님은 나이도 많지 않은데 이상하게 회식만큼은 오래된 스타일을 고집한다❶. 고깃집에 모여 앉아 술잔 돌리고❷, 끝날 때까지 자리 못 뜨는 그런 방식이다. 우리 팀 아무도 그런 회식을 좋아하는 것 같지 않다. 다들 말은 안 하지만 표정에 다 드러난다❸. 회식 싫다고 말할까 고민했지만, 굳이 내가 총대를 멜 필요는 없다고❹ 생각해서 참았다. 회식이 팀워크를 다지는❺ 계기가 아니라, 그냥 연장된 업무처럼 느껴진다❻. 오히려 회식이 끝나고 나면 더 피곤하고, 다음 날까지 영향을 준다❼. 부장님도 좋은 의도로❽ 하시는 건 알지만, 방식이 문제다. 가볍게 커피 한 잔 하면서 대화하는 것도 팀워크에 도움이 될❾ 텐데. 다음 회식이 또 잡히면❿, 이번엔 조심스럽게 의견을 내볼까 싶다.

Our team leader isn't particularly old, but when it comes to **team dinners**, he **insists on sticking to an old-school style**: gathering at a barbecue restaurant, **passing around drinks**, and not leaving until the very end. No one on our team seems to enjoy these gatherings. No one says it out loud, but the discomfort **is written all over our faces**. I thought about speaking up but decided against it. Why should I **be the one to take the hit**? These dinners don't feel like **team building**. They just feel like an **extension** of work. In fact, I end up more exhausted afterward, and the **fatigue lingers into the next day**. I know our manager's **intentions are good**, but the format is the problem. Even a casual coffee chat could help **build team spirit**. If another team dinner **gets scheduled**, I'll try to gently share my thoughts.

❶ **When it comes to team dinners, he insists on sticking to an old-school style.**

| 부장님은 회식만큼은 오래된 스타일을 고집한다 |

'회식'은 미국에는 없는 문화라서 정해진 표현은 없습니다. team dinner, company dinner 정도로 표현하면 되죠. insists on은 강하게 주장하거나 고집한다는 뜻으로, 쉽게 바꾸지 않는 태도를 보여줍니다. stick to 역시 어떤 방식이나 습관을 계속 유지한다는 의미로, 변화를 거부한다는 말입니다. old-school style은 오래된 방식, 전통적인 스타일을 뜻하며, 현대적이지 않고 과거의 관습을 따른다는 의미를 지닙니다. 학교와 상관이 없는 경우에도 쓰는 관용표현이죠.

---

❷ **gathering at a barbecue restaurant, passing around drinks**

| 고깃집에 모여 앉아 술잔을 돌리기 |

불판에 고기를 굽는 고깃집은 barbecue restaurant이라고 하면 됩니다. gather는 사람들이 모인다는 뜻이죠. pass around은 어떤 물건을 여러 사람에게 차례로 건네는 상황을 표현하죠. pass around drinks는 술잔을 서로 돌리며 나누는 행동을 묘사합니다.

---

❸ **No one says it out loud, but the discomfort is written all over our faces.**

| 말은 안 하지만 표정에 다 드러난다 |

동사에 out loud를 붙여 표현할 수 있죠. say it out loud는 큰 소리로 말한다는 뜻이고, read it out loud는 소리내어 읽는 것을, shout it out loud 역시 크게 소리치는 것을 일컫죠. discomfort가 불편함을 뜻하므로, 억지로 하는 회식에서 느끼는 감정을 말하기에도 적절합니다. 표정에 다 드러난다는 말은 ~ is written all over our faces, 즉 얼굴에 다 씌어 있다라고 표현해도 좋고, Ours faces say it all.처럼 얼굴이 다 말한다고 해도 좋습니다.

❹ Why should I be the one to take the hit?

| 내가 총대를 멜 필요는 없다 |

take the hit은 피해를 감수하거나 불리한 상황을 떠맡는다는 의미의 구어 표현입니다. be the one이 바로 그 사람이 된다는 말이므로 Why should I be the one to take the hit?은 '내가 왜 피해를 감수하는 바로 그 사람이 되어야 하나?'라는 뜻이죠. '총대를 메다'를 I don't need to carry the gun barrel.처럼 직역하면 영어로는 의미가 통하지 않죠.

❺ These dinners don't feel like team building.

| 회식이 팀워크를 다지는 계기가 아니다 |

team building은 팀워크를 강화하거나 협력 관계를 발전시키는 것을 가리키죠. teamwork도 정확한 영어 표현이므로, These dinners don't strengthen teamwork.처럼 표현해도 좋습니다.

❻ They just feel like an extension of work.

| 그냥 연장된 업무처럼 느껴진다 |

연장되고 확대되는 것을 extension이라고 하므로, They just feel like an extension of work.은 회식이나 모임이 단순히 업무의 연장선처럼 느껴진다는 의미가 됩니다. 일이 지속되는 것처럼 느껴진다는 의미로 They seem like a continuation of work.라고 하거나, 추가 근무처럼 느껴진다는 뜻에서 They feel more like extra work.처럼 표현해도 좋죠.

❼ The fatigue lingers into the next day.

| 회식이 다음 날까지 영향을 준다 |

linger는 오래 머물거나 쉽게 사라지지 않는다는 뜻으로, 여기처럼 피로가 지속되는 상황을 말하기에도 적절합니다. 다음날까지 영향을 주는 것이므로 into the next day처럼 전치사 into를 활용했죠.

❽ I know our manager's intentions are good.
| 부장님이 좋은 의도로 하시는 건 안다 |

good intentions가 '좋은 의도'라는 뜻이죠. 위 문장은 달리 I know our manager is acting with good intentions.라고 해도 좋습니다.

❾ A casual coffee chat could help build team spirit.
| 커피 한잔하면서 대화하는 것도 팀워크에 도움이 된다 |

a casual coffee chat은 가볍게 커피를 마시며 나누는 대화를 뜻하죠. 팀워크, 팀원으로서의 유대감은 모두 team spirit이라고 표현할 수 있습니다. 그런 정신을 다지는 것은 build team spirit이라고 표현할 수 있죠.

❿ if another team dinner gets scheduled
| 다음 회식이 또 잡히면 |

schedule은 일정을 정한다는 뜻의 동사로도 쓰입니다. 가령 schedule the team dinner for this Thursday라고 하면, '회식을 이번 목요일로 잡다'라는 뜻입니다. if another team dinner gets scheduled라고 하면, '다음 회식이 또 잡히면'이라는 말이 되죠.

Quick Quiz

1 말은 안 하지만 표정에 다 드러난다.

No one says it out loud, but the discomfort is ______ all over our faces.

2 내가 총대를 멜 필요는 없다.

Why should I be the one to ______ the hit?

3 회식이 다음 날까지 영향을 준다.

The fatigue ______ into the next day.

4 커피 한잔하면서 대화하는 것도 팀워크에 도움이 된다.

A casual coffee chat could help ______ team spirit.

5 다음 회식이 또 잡히면

if another team dinner gets ______

답 **1.** written **2.** take **3.** lingers **4.** build **5.** scheduled

11월11일

요즘 사내연애를❶ 하는 커플들이 꽤 있다. 며칠 전 미국 거래처와 통화하느라 늦게까지 회사에 남아 있었는데, 엘리베이터를 탔더니 개발팀의 김갑돌과 이갑순이 같이 타고 있었다. 그 시간에 둘이 같이 있다는 게 좀 이상했고, 분위기도 묘했다❷. 나를 보자마자 둘 다 화들짝 놀라는❸ 표정을 지었는데, 그냥 우연히 같이 탄 거라면 그렇게 놀랄 필요는 없지 않나. 물론 내가 과하게 해석하는❹ 걸 수도 있지만, 뭔가 있는 것 같다. 사실 나도 재무팀의 성춘향 대리에게 은근히 마음이 간다❺. 말투나 행동하는 거나 뭔가 매력이 있다❻. 나뿐이 아니다. 다른 사람들도 눈독을 들이고 있는 듯한 기류가 느껴진다❼. 내가 승자가 되려면 전략을 잘 짜야❽ 할 것 같다. 무작정 다가가는 건 오히려 역효과일❾ 수도 있고, 자연스럽게 친해지는 계기를 만들어야❿ 한다.

There seem to be quite a few **office couples**. A few days ago, I was working late for a call with our U.S. client. On my way out, I stepped into the elevator and found Kim and Lee from the development team already inside. It felt a bit **odd** to see them at that hour, and the **atmosphere** was a bit strange. As soon as they saw me, they both looked **startled**. If it were just a coincidence, there'd be no reason to react like that. Maybe I'm **reading too much into it**, but I assume there's something going on. To be honest, I've also **been drawn to** Assistant Manager Seong from finance team. **There's something about her**. The way she speaks and **carries herself** is genuinely **captivating**. And I'm not the only one. There's definitely a quiet **competition brewing**. If I want to be the one who **wins her heart**, I'll need to be smart about it. **Rushing in** could **do more harm than good**. What I need is a **natural, effortless way to connect**.

❶ There seem to be quite a few office couples.

| 요즘 사내연애를 하는 커플들이 꽤 있다 |

사내연애는 office romance라고 할 수 있고, 사내연애 커플은 office couple처럼 표현하면 됩니다. a few는 수가 적다는 뜻이지만, quite a few는 꽤 많다는 뜻으로, 예상보다 많은 수를 강조할 때 쓰입니다.

❷ It felt a bit odd to see them at that hour, and the atmosphere was a bit strange.

| 그 시간에 둘이 같이 있다는 게 이상했고, 분위기도 묘했다 |

odd와 strange 모두 이상하거나 평소와 다른 느낌을 표현하는 단어로, 상황의 어색함을 강조하죠. 우리말 '분위기'는 atmosphere로 무난하게 표현할 수 있습니다. 요즘 많이 들을 수 있는 단어 vibe도 있죠. 역시 분위기를 가리키는 단어고, 같은 내용을 다음과 같이 표현할 수도 있습니다. Seeing them at that hour felt odd, and the vibe was kind of unusual.

❸ As soon as they saw me, they both looked startled.

| 나를 보자마자 둘 다 화들짝 놀랐다 |

startled는 surprised보다 더 크게 놀랐다고 할 때 쓰는 표현이죠. 놀란 모습을 보였으므로 looked startled라고 했습니다.

❹ Maybe I'm reading too much into it.

| 내가 과하게 해석하는 걸 수도 있다 |

read too much into something은 본래 의미 이상으로 해석하거나 숨은 뜻을 너무 많이 찾는 행동을 나타냅니다. 어떤 것으로부터 많은 의미를 읽어 오는 것이므로 read too much from it처럼 표현해야 할 것 같지만, 올바른 전치사는 into라는 점에 주의하세요. '과하게 해석하다'와 잘 어울리는 영어 표현이죠.

❺ To be honest, I've also been drawn to Assistant Manager Seong from finance team.

| 재무팀의 성춘향 대리에게 은근히 마음이 간다 |

앞에도 등장했던 be drawn to는 어떤 사람이나 상황에 매력을 느낀다는 뜻입니다. 이성에게 관심이 간다고 할 때도 활용할 수 있죠. 이성에 관심을 지닌다는 표현은 이 밖에도 많습니다. have a crush가 누군가를 일방적으로 좋아한다는 뜻이므로, I've got a crush on Assistant Manager Seong from the finance team.이라고 해도 좋고, fall for도 이성에게 빠진다는 의미이므로, I'm kinda falling for Assistant Manager Seong in finance.처럼 말할 수도 있습니다.

❻ There's something about her. The way she speaks and carries herself is genuinely captivating.

| 말투나 행동하는 거나 뭔가 매력이 있다 |

There's something about her.는 뚜렷하게 설명하기 어렵지만 특별한 매력이 있다고 할 때 쓰는 관용 표현입니다. the way she speaks는 그녀가 말하는 방식을 가리키죠. 그리고 앞에서도 등장했던 carry oneself는 태도나 행동, 몸가짐을 표현합니다. 동사 captivate는 사로잡는다는 뜻이고, captivating은 시선을 사로잡고 마음을 끄는 매력을 묘사할 때 쓰입니다.

❼ And I'm not the only one. There's definitely a quiet competition brewing.

| 다른 사람들도 눈독을 들이고 있는 듯한 기류가 느껴진다 |

관심을 갖고 있는 사람이 또 있다는 의미로 I'm not the only one.이라고 했죠. a quiet competition은 겉으로 드러나지 않는 은근한 경쟁을 말합니다. brew는 원래 맥주를 양조한다는 뜻인데, 비유적으로 경쟁이나 갈등이 서서히 생겨나고 있다는 뜻을 지니죠. 그녀에게 관심을 지닌 사람이 많고 그들 간에 경쟁이 생겨나는 상황을 다양한 표현들로 묘사했습니다.

❽ If I want to be the one who wins her heart, I'll need to be smart about it.

| 내가 승자가 되려면 전략을 잘 짜야 한다 |

사람의 마음을 얻는 것을 win one's heart라고 하죠. 그렇게 하려면 영리하게 대처해야 한다는 뜻으로 be smart about it이라고 했습니다. '전략'이라는 의미를 살린다면 I'll have to use the right strategy.처럼 표현해도 좋습니다.

❾ Rushing in could do more harm than good.

| 무작정 다가가는 건 오히려 역효과가 날 수 있다 |

rush는 무작정 서두르거나 성급하게 행동하는 것을 뜻합니다. rush in이라고 했으므로 무작정 뛰어드는 모습을 묘사합니다. do good, do harm은 각각 '도움이 되다', '해가 되다'라는 뜻이죠. do more harm than good이라고 하면, 도움이 되기보다는 오히려 해가 될 수 있다는 말입니다.

❿ What I need is a natural, effortless way to connect.

| 자연스럽게 친해지는 계기를 만들어야 한다 |

effortless는 말 그대로 많은 노력을 들이지 않는 모습을 가리킵니다. connect가 상대와 가까워지는 것을 의미하므로, natural, effortless way to connect는 자연스럽게, 큰 어려움 없이 친해지는 방법이라는 뜻이 되죠.

Quick Quiz

1 나를 보자마자 둘 다 화들짝 놀랐다.

As soon as they saw me, they both looked ______.

2 내가 과하게 해석하는 걸 수도 있다.

Maybe I'm reading too much ______ it.

3 말투나 행동하는 거나 뭔가 매력이 있다.

There's ______ about her. The way she speaks and carries herself is genuinely ______.

4 다른 사람들도 눈독을 들이고 있는 듯한 기류가 느껴진다.

And I'm not the only one. There's definitely a quiet competition ______.

5 무작정 다가가는 건 오히려 역효과가 날 수 있다.

Rushing in could do more harm than ______.

답 **1.** startled **2.** into **3.** something, captivating **4.** brewing **5.** good

11월24일

요즘은 알람 없이도❶ 아침에 눈이 저절로 떠진다. 눈을 뜨면, 오늘 할 일들을 생각해 본다. 대학교 때는 말할 것도 없고, 사회 초년생 시절에도❷ 알람 없이 스스로 일찍 일어나는 건 상상할 수 없었다. 하지만 이제 달라졌다. 늙으면 잠이 없어진다던데 내가 아직 그럴 나이라서는 아니고❸, 사회인으로서 위기 의식을 느끼기❹ 때문인 것 같다. 주변을 보면 내 나이에 이미 가상자산으로 성공한❺ 사람도 있고, 자기 사업을 꾸려가는 친구도 있다. 그 정도 성공은 바라지도 않는다. 하지만 방향 없이 살아가서는 안 될 것❻ 같다는 위기감이 든다. 그래서 더 목표의식을 지니고 살려고❼ 한다. 퇴근 후엔 유튜브 대신 온라인 강의 하나라도 듣는다. 아직은 작은 변화지만, 이게 쌓이면 그만큼 성공에 더 가까워질❽ 수 있을 거라 믿는다.

Recently, I wake up in the morning even before my **alarm goes off**. As soon as I open my eyes, I start thinking about what I should do today. Back in college, and even **when I first started working**, waking up without an alarm was unimaginable. But things have changed. They say people lose their need for sleep as they age, but I'm **not at that stage yet**. It's more about a **sense of urgency** as a working professional. I hear stories of people about my age **thriving with cryptocurrency** or launching their own businesses. I'm not aiming for that level of success, but I do feel anxious about **drifting without direction**. That's why I'm trying to **live with more purpose**. After work, I skip YouTube and take even one online lesson instead. It's a small change for now, but by **keeping it up**, I believe I'm **inching closer to something meaningful**.

❶ Recently, I wake up in the morning even before my alarm goes off.
| 요즘은 알람 없이도 아침에 눈이 떠진다 |

wake up in the morning은 '아침에 눈을 뜨다'라는 일상적인 표현이죠. 알람이 울린다고 할 때 쓰는 구동사는 go off입니다. 동사 ring만으로 표현할 수도 있으므로, before my alarm rings라고 해도 좋습니다.

---

❷ Even when I first started working, waking up without an alarm was unimaginable.
| 사회 초년생 시절에도 알람 없이 스스로 일어나는 건 상상할 수 없었다 |

when I first started working는 '처음 일을 시작했을 때'라는 뜻이므로 사회 초년생 시절을 의미합니다. even in my first years at work, even at the beginning of my career라고 해도 같은 뜻이 되죠. unimaginable은 말 그대로 상상할 수 없다는 뜻입니다. 불가능에 가까운 상황을 설명하기에 적절하죠.

---

❸ I'm not at that stage yet.
| 아직 그럴 나이는 아니다 |

우리말을 직역하면 I'm not at that age yet.이 되죠. 전치사 at을 활용해 어떤 나이가 되었는지 표현하면 됩니다. 여기서는 age 대신 '단계'를 뜻하는 stage를 활용했는데, I'm not at that stage.는 나는 아직 그 단계는 아니라는 말이죠.

---

❹ It's more about a sense of urgency as a working professional.
| 사회인으로서 위기 의식을 느끼기 때문이다 |

여기서 it's more about은 '무엇에 관한 것인지' 즉 핵심이 무엇인지 강조하는 표현입니다. about 다음에 나오는 말이 본질이고 중요하다고 할 때 쓰는 문형이죠. '위기'는 영어로 crisis이지만, 여기서는 '위기 의식'을 a sense of urgency라고 했죠. '긴박감을 느낀다'는 의미인데, 시간적 여유가 없는 긴박한 현실을 강

조하기에 적절한 표현입니다.

5 I hear stories of people about my age thriving with cryptocurrency.

| 내 나이에 이미 가상자산으로 성공한 사람도 있다 |

people about my age가 나와 비슷한 나이대의 사람들을 뜻하죠. 동사 thrive는 활발히 성장하고 번영한다는 뜻입니다. 사업의 번창이나 경제적 성취를 나타내기에도 적절한 단어입니다. 가령 He thrived after switching careers.라고 하면 '그는 직업을 바꾼 후 더 잘됐다'라는 뜻입니다.

6 I do feel anxious about drifting without direction.

| 방향 없이 살아가서는 안 된다 |

anxious는 불안하거나 걱정되는 상태를 나타내는 단어죠. 방향 없이 살아가게 될까 봐 걱정되는 마음을 표현하기 위해 활용했습니다. drift는 방향 없이 흘러가는 것을 뜻하는데, 비유적으로 목표나 계획 없이 살아가는 모습을 나타내기에도 적당합니다. without direction까지 붙여, 명확한 목표나 방향이 없는 상태를 강조하고 있죠.

7 That's why I'm trying to live with more purpose.

| 그래서 더 목표의식을 지니고 살려고 한다 |

purpose는 '목표'나 '목적'을 나타내는 단어죠. live with more purpose라고 하면 더 큰 목표의식을 가지고 살아간다는 의미가 됩니다. 분명한 방향을 지닌다는 의미로 with more direction, 더 집중한다는 의미로 with more focus라고 표현해도 좋죠.

8 By keeping it up, I believe I'm inching closer to something meaningful.

| 쌓이면 성공에 더 가까워질 수 있다 |

keep it up은 어떤 행동을 꾸준히 이어간다는 의미로, 지속성을 강조하죠. '계속해 나간다'는 뜻으로 활용하면 됩니다. inch는 길이 측정의 단위 '인치'를 말하지만 조금씩 어떤 목표에 다가간다는 동사로도 쓰입니다. 작은 변화를 쌓아가며 성공에 다가가는 모습이므로 inch로 표현할 수 있죠. '성공'은 success라고 해도 좋지만, '의미 있는 무언가'라는 뜻으로 something meaningful도 해도 되죠.

Quick Quiz

1 요즘은 알람 없이도 아침에 눈이 떠진다.

Recently, I wake up in the morning even before my alarm _____ _____.

2 사회인으로서 위기 의식을 느끼기 때문이다.

It's more about a sense of _____ as a working professional.

3 내 나이에 이미 가상자산으로 성공한 사람도 있다.

I hear stories of people about my age _____ with cryptocurrency.

4 방향 없이 살아가서는 안 된다.

I do feel anxious about drifting without _____.

5 쌓이면 성공에 더 가까워질 수 있다.

By keeping it up, I believe I'm _____ closer to something meaningful.

답 **1.** goes off **2.** urgency **3.** thriving **4.** direction **5.** inching

12월7일

연말이 되면 들뜬 분위기지만❶, 우리 회사 직원들은 속으로 다들 긴장하고 있다❷. 인사 평가와 인사 발령❸ 시즌이기 때문이다. 누가 임원이 될지, 누가 조직 개편에 휘말릴지❹, 누군가는 성과 부족으로 좌천될❺ 수도 있다. 나야 아직 대리라 큰 변화는 없다. 빨리 과장 달면 좋겠다는❻ 생각은 있지만, 그렇다고 내 인생을 갈아 넣으면서까지 진급하고 싶진 않다❼. 다행히 올해 해외 매출이 좋아서 전반적인 회사 분위기는 나쁘지 않다. 선배들 얘기 들어보니, 몇 년 전에 매출이 급감했을 때는 정말 피바람이 불었다고❽ 하던데. 대규모로 희망 퇴직을 받았었다고❾ 한다. 매년 연말마다 살얼음이라면❿ 과연 회사를 다닐 수 있을까? 내년에도 올해만 같으면 좋겠다.

Year-end always brings a **festive mood**, but **beneath the surface**, **tension** quietly **builds across the company**. It's the season for **performance reviews** and **organizational reshuffle**. Some will be promoted to executive positions, others may be the **targets of organizational restructuring**, and a few might **be demoted** due to poor performance. As for me, I'm still an assistant manager, so there won't be any major changes. Sure, I'd like to **move up** soon, but **not at the cost of burning myself out** to climb the ladder. Fortunately, our overseas sales were strong this year, so the overall mood isn't too grim. Some senior colleagues told me that when sales **plummeted** a few years ago, **things got brutal**. The company **offered mass voluntary retirements**. If every year-end feels like **walking on thin ice**, how long can I stay in the company? I just hope next year is as stable as this one.

❶ Year-end always brings a festive mood.

| 연말이 되면 들뜬 분위기다 |

'연말'은 year-end로 표현할 수 있습니다. 영어에서는 보통 holiday season이라는 말을 많이 쓰죠. 11월 말의 추수감사절부터 1월 초까지의 기간을 말합니다. a festive mood는 축제 같은 들뜬 분위기를 의미하며, 연말 특유의 활기와 즐거움을 표현하기에도 적절한 표현이죠.

❷ Beneath the surface, tension quietly builds across the company.

| 우리 회사 직원들은 속으로 다들 긴장하고 있다 |

beneath the surface는 '표면 밑에서는'으로 직역할 수 있고, 겉으로 드러나지 않고 내면에 숨어 있는 것을 표현합니다. tension quietly builds는 긴장이 조용히 쌓여가고 있다는 뜻이죠. 긴장이 만들어지는 것도 build로 표현할 수 있습니다. '회사 전체에 걸쳐'로 해석할 수 있는 across the company는 조직 전체에 퍼져 있음을 강조합니다.

❸ It's the season for performance reviews and organization reshuffling.

| 인사 평가와 인사 발령 시즌이다 |

performance reviews는 직원들의 업무 성과를 평가하는 것을 말하죠. organizational reshuffle은 조직 개편이나 인사 발령을 뜻하며, 인력 배치가 바뀌는 상황을 묘사합니다. 앞서 설명했듯, reshuffle이 조직을 개편하는 것을 말하죠. 인사발령과 조직개편은 달리 organizational shake-up, restructuring, team changes, team reshuffles 등으로 표현할 수도 있습니다.

❹ Others may be the targets of organizational restructuring.

| 조직 개편에 휘말릴 수 있다 |

restructuring은 보통 '구조조정'으로 번역하죠. restructuring이라고 했으므로, 조직 개편을 의미하며, 인사 발령이나 부서 재배치 같은 변화를 포함합니다.

❺ A few might be demoted due to poor performance.

| 성과 부족으로 좌천될 수도 있다 |

promote가 승진한다는 뜻이고, 반대말 demote는 좌천한다는 뜻입니다. 보통 be demoted라고 하면 직급이나 위치가 강등되는 것을 말하죠. performance가 직장인의 성과를 가리키는 말이므로, poor performance는 '성과 부족'을 뜻합니다.

❻ Sure, I'd like to move up soon.

| 빨리 과장 달면 좋겠다는 생각은 있다 |

move up은 직장에서 승진하거나 더 높은 직급으로 올라가는 것을 의미합니다. 회사의 직급 체계를 사다리에 빗대어 move up the corporate ladder라고 표현하기도 하죠.

❼ But not at the cost of burning myself out to climb the ladder.

| 내 인생을 갈아 넣으면서까지 진급하고 싶진 않다 |

요즘 '영혼을 갈아 넣는다'와 같은 표현을 많이 쓰는데, '갈아 넣다'를 직역하면 어색하고, 그 의미를 전달해야겠죠. 완전히 지치게 된다는 의미의 burn out이 잘 어울립니다. burn myself out은 과도한 노력과 스트레스로 지쳐버리는 상태를 뜻하죠. at the cost of ~는 '~라는 비용을 지불하면서'라는 뜻이죠. at the expense of도 같은 뜻입니다. climb the ladder는 직장에서 더 높은 위치로 올라가는 것을 사다리를 오르는 것에 빗댄 표현입니다.

❽ When sales plummeted a few years ago, things got brutal.

| 매출이 급감했을 때는 정말 피바람이 불었다 |

plummet은 '급락하다', '곤두박질치다'라는 뜻이죠. fall/drop sharply 대신 한 단어로 표현한 것입니다. 감원이나 숙청이 심하게 벌어졌을 때 '피바람이 불다'라고 하는데, 영어로는 things got brutal, 즉 '상황이 매우 가혹해지고 잔인해졌다' 정도로 표현하면 됩니다.

❾ The company offered mass voluntary retirements.

| 희망 퇴직을 받았다 |

voluntary retirements는 강제적인 해고가 아니라 본인이 선택하는 퇴직, 즉 희망 퇴직을 일컫죠. mass를 붙여 규모가 크고 조직 전체에 영향을 미쳤음을 강조했습니다. 회사 입장에서는 그런 조치를 내놓았으므로 offer라고 표현할 수 있죠.

❿ if every year-end feels like walking on thin ice

| 매년 연말마다 살얼음이라면 |

walk on thin ice는 살얼음을 걷는 것처럼 아슬아슬하고 위험한 상황을 묘사하는 관용구입니다. 비슷하게 생긴 표현에 walk on eggshells도 있는데, 의미가 다르죠. 살얼음 위를 걷는다면 물에 빠질 수 있기 때문에 walk on thin ice는 위험한 상황를 묘사합니다. 반면 walk on eggshells는 자칫 잘못하면 계란을 깨뜨리고 일을 망칠 수 있는 상황을 말하므로, 특히 타인의 심기를 거스르지 않도록 주의해야 한다는 뜻입니다.

Quick Quiz

1 연말이 되면 들뜬 분위기다.

Year-end always brings a ______ mood.

2 우리 회사 직원들은 속으로 다들 긴장하고 있다.

______ the surface, tension quietly builds across the company.

3 성과 부족으로 좌천될 수도 있다.

A few might be ______ due to poor performance.

4 빨리 과장 달면 좋겠다는 생각은 있다.

Sure, I'd like to move ______ soon.

5 내 인생을 갈아 넣으면서까지 진급하고 싶진 않다.

But not at the ______ of burning myself out to climb the ladder.

답 **1.** festive **2.** Beneath **3.** demoted **4.** up **5.** cost

12월24일

크리스마스가 뭐 대단한 날인가❶. 혼자 보내도 괜찮다. 오히려 여유롭고, 시간도 절약되고, 괜히 북적이지 않아서 좋다. 물론 마음 한 켠에 아쉬움이❷ 없는 건 아니다. 거리의 커플들 모습 보면 살짝 외로움이 스치긴 한다❸. 그래도 억지로 내키지 않는 데이트를 하느니❹, 혼자만의 시간을 보내는 게 훨씬 낫다. 20대에는 요란하게❺ 크리스마스를 보낸 적도 있었다. 파티도 해보고, 여친과 분위기 있는 레스토랑도 가봤다. 그땐 그 나름대로 좋았지만❻, 지금은 그런 이벤트에 큰 의미를 두지 않게 됐다. 나이가 들어서일까❼. 올해는 집에서 영화 한 편 보고, 나만의 시간을 보내기로 했다❽. 크리스마스라고 꼭 특별해야 할 이유는 없다. 혼자라는 이유로 초라해질 필요도 없다❾. 내 삶의 중심은 결국 나니까❿.

What's so **special about** Christmas? It's perfectly fine to spend it alone. I can be more relaxed, save time, and avoid unnecessary crowds. To be honest, there's a **hint of emptiness deep down**. Seeing couples on the streets does **stir** a bit of loneliness. But still, I'd rather spend time alone than **go on a date I'm not really into**. Back in my twenties, I used to celebrate Christmas **flamboyantly** — parties, romantic dinners with a girlfriend. Those moments were nice **in their own way**, but now, I don't place much importance on such events. **Maybe it's age**. This year, I've decided to watch a movie at home and **enjoy my own company**. Christmas doesn't have to be special just because it's Christmas. Being alone doesn't mean **being pitiful**. After all, I'm the **center of my own life**.

❶ What's so special about Christmas?

| 크리스마스가 뭐 대단한 날인가 |

What's so special about ~?는 어떤 것이 왜 특별하거나 대단한지 묻는 구문인데, 단순한 의문이 아니라 여기처럼 회의적인 태도를 표현하기도 하죠.

❷ To be honest, there's a hint of emptiness deep down.

| 마음 한 켠에 아쉬움이 없는 건 아니다 |

a hint of ~는 어떤 감정이 약간은 존재한다고 할 때 쓰는 표현입니다. a touch of emptiness, a sense of emptiness 처럼 말해도 약간의 emptiness가 있다는 말이 되죠. emptiness는 공허함이라고 번역할 수 있는데, 이 맥락처럼 '허전한 아쉬움'을 표현하기에도 좋습니다. deep down은 마음 깊은 곳에서라는 뜻으로, 겉으로는 드러나지 않지만 내면에 존재하는 감정을 강조합니다.

❸ Seeing couples on the streets does stir a bit of loneliness.

| 거리의 커플들 모습 보면 살짝 외로움이 스치긴 한다 |

stir는 원래 액체를 휘젓는다는 뜻인데, 비유적으로 어떤 감정을 불러일으킨다는 뜻도 됩니다. 불러일으키는 원인을 주어 자리에 놓아 그것이 stir한다고 말하면 되죠. 여기서는 seeing couples on the streets, 즉 '길거리에서 연인들을 보는 것'을 주어로 좋았습니다.

❹ I'd rather spend time alone than go on a date I'm not really into.

| 내키지 않는 데이트를 하느니, 혼자만의 시간을 보내는 게 낫다 |

'데이트를 하다'는 go on a date라고 표현할 수 있습니다. '소풍을 가다'라고 할 때 쓰는 go on a picnic과 동사 부분이 같죠. 앞에서도 등장한 I'm not really into는 내가 별로 좋아하지 않거나 관심이 없는 상황을 나타내죠. '내키지 않는다'를 표현하기에도 적당합니다.

❺ Back in my twenties, I used to celebrate Christmas flamboyantly.
| 20대에는 요란하게 크리스마스를 보낸 적도 있었다 |

flamboyantly는 '화려하게', '요란하게'라는 의미로, 과장되고 눈에 띄는 방식임을 강조합니다. 시간을 거슬러 어떤 시점을 회상할 때는 back in my twenties처럼 back을 활용하면 되죠.

❻ Those moments were nice in their own way.
| 그땐 그 나름대로 좋았다 |

in its own way라고 하면 '나름의 방식으로', '그 자체로'라는 의미가 됩니다. 상황이나 경험을 긍정적으로 평가하고자 할 때 활용하면 되죠.

❼ Maybe it's age.
| 나이가 들어서일까 |

Maybe it's ~.라고 하면 '아마 ~ 때문일 거다', '아마 ~이 원인일 거다'라는 뜻입니다. 원인이나 이유를 가리키는 말이 없지만 it's ~만으로 그런 의미를 전달하죠. Maybe it's stress.는 '스트레스 때문일 거야', Maybe it's the weather.는 '날씨 때문일 거야'라는 말입니다.

❽ This year, I've decided to watch a movie at home and enjoy my own company.
| 나만의 시간을 보내기로 했다 |

company는 '회사'라는 뜻 외에 '어울림'을 표현하기도 하죠. enjoy my own company라고 하면 자신과 어울리는 것을 즐긴다는 말이므로, 혼자 있는 시간을 즐긴다는 뜻이 됩니다. 달리 enjoy some me-time이라고 표현할 수도 있습니다. me-time이 '혼자만의 시간'을 뜻하는 구어적인 표현이죠.

❾ Being alone doesn't mean being pitiful.

| 혼자라는 이유로 초라해질 필요도 없다 |

pitiful은 가엾은 모습을 가리키죠. 측은함을 유발하는 상태를 말하므로, '초라한 모습'을 표현하기에도 적절합니다.

❿ After all, I'm the center of my own life.

| 내 삶의 중심은 결국 나다 |

After all은 '결국', '모든 걸 따져보면'이라는 뜻으로 결론을 강조하는 표현이죠. '내 삶의 중심은 결국 나다'는 I'm the center of my own life.처럼 직역해서 표현해도 잘 어울립니다. '내 이야기의 주인공은 나다'라는 의미로 I'm the main character in my story.처럼 표현해도 좋죠. I'm the author of my own story.처럼 '내 이야기의 저자는 바로 나다'라고 할 수도 있습니다.

Quick Quiz

1 마음 한 켠에 아쉬움이 없는 건 아니다.
To be honest, there's a ______ of emptiness deep down.

2 거리의 커플들 모습 보면 살짝 외로움이 스치긴 한다.
Seeing couples on the streets does ______ a bit of loneliness.

3 20대에는 요란하게 크리스마스를 보낸 적도 있었다.
Back in my twenties, I used to celebrate Christmas ______.

4 나만의 시간을 보내기로 했다.
This year, I've decided to enjoy my own ______.

5 내 삶의 중심은 결국 나다.
After all, I'm the ______ of my own life.

답 **1.** hint **2.** stir **3.** flamboyantly **4.** company **5.** center

12월31일

나이는 숫자에 불과하다고들 한다. 나도 그 말에 어느 정도는 동의한다❶. 30과 31이라는 숫자에 무슨 실질적인 차이가 있을까. 하지만 20대가 지났다는 건❷ 분명한 사실이다. 이제는 좀 더 책임 있는 사회인으로 살아가야 할 시간들이 날 기다리고 있다. 가정도 꾸려야❸ 하고, 미래도 그려야❹ 한다. 올해는 참 많은 일이 있었다. 직장에서 새로운 프로젝트를 잘 마무리했고, 뭔가 질질 끌어 오는 것 같던 여자친구와의 관계도❺ 연초에 결국 정리되었다. 다행히 큰일은 없었고, 부모님도 건강하셔서 감사한 마음이다. 바쁘고 정신없었지만, 돌아보면 의미 있는 한 해였다. 내년에도 큰 성취가 없어도 좋으니, 적어도 올해보다 나쁜 일은 없었으면 한다. 한 해 한 해 가는 속도가 빨라지는 것 같다❻. 나만 그렇게 느끼나❼? TV로 제야의 종소리를 들으며❽ 새해 소원을 빌어야겠다.

People often say age is just a number, and **to some extent**, I agree. What real difference is there between being 30 and 31? But one thing is undeniable: my twenties **are behind me**. It's time to live as a more responsible adult — to **build** a family and to **shape** a future. This year was full of events. I successfully wrapped up a new project at work, and early in the year, I ended a relationship that had **been dragging on**. Thankfully, nothing major went wrong, and my parents stayed healthy, which I'm truly grateful for. It was a hectic year, but looking back, it was meaningful. I don't need huge achievements next year. I just hope it's not worse than this one. Each year seems to **pass faster than the last. Is it just me?** I'll make a wish for the new year as I **watch the New Year's Eve bell toll** on TV.

❶ **To some extent, I agree.**
| 그 말에 어느 정도는 동의한다 |

to some extent는 '어느 정도는', '부분적으로'라는 뜻이죠. extent 대신 degree를 활용해도 같은 뜻이 되므로, To some degree, I agree.라고 해도 좋습니다.

❷ **One thing is undeniable: my twenties are behind me.**
| 20대가 지났다는 건 분명한 사실이다 |

'부정하다'라는 뜻인 deny에서 파생한 undeniable은 의심의 여지가 없고 명백하다는 뜻으로, 분명한 사실임을 강조할 때 쓰입니다. '~을 뒤로한다'는 의미인 behind me는 어떤 시기가 이미 지나갔다는 뜻이죠. My twenties are over.와 같습니다.

❸ **to build a family and to shape a future**
| 가정을 꾸리고, 미래를 그리다 |

가정을 꾸린다고 할 때 family와 어울리는 동사는 build입니다. create, form, establish 모두 잘 어울리는 동사들이죠. shape가 '모양을 만들어 나가다', '형성하다'라는 뜻이므로, 미래를 그려 나가는 것은 shape a future라고 표현할 수 있습니다. 앞으로의 방향과 목표를 설계하는 것을 잘 표현하죠. plan for the future라고 해도 좋죠.

❹ **I ended a relationship that had been dragging on.**
| 질질 끌어오는 것 같던 여자친구와의 관계도 정리되었다 |

'끌다'라는 뜻의 drag에 on을 붙인 drag on은 지루하고 불필요하게 길어지는 상황을 표현합니다. on을 붙여 계속되는 모양을 표현하고 있죠. a relationship that had been dragging on은 질질 끌어오던, 오래 지속되었지만 진전이 없던 관계를 말합니다. 정체된다는 뜻의 stagnate를 활용해 a relationship that had been stagnating이라고 해도 좋습니다.

❺ Thankfully, nothing major went wrong.
| 다행히 큰일은 없었다 |

major는 중요하고 중대한 것을 가리키므로, '큰 일은 없었다'는 '잘못된 중요한 일은 없었다'는 의미로 Nothing major went wrong.이라고 할 수 있습니다. Nothing serious came up(심각한 일은 일어나지 않았다). There were no serious problems(심각한 문제는 없었다).처럼 표현해도 좋죠.

❻ Each year seems to pass faster than the last.
| 한 해 한 해 가는 속도가 빨라지는 것 같다 |

해가 갈수록 시간이 더 빨리 지나간다는 뜻이므로 pass faster라고 표현하면 되죠. 지난해와 비교해서 그렇다는 의미이므로 than the last를 붙였습니다. 여기서 last는 last year를 말하는데, year를 두 번 반복하지 않고 생략한 것입니다. 시간이 가는 것을 동사 fly로 표현하기도 하므로, Each year seems to fly by faster than the last.라고 해도 좋습니다.

❼ Is it just me?
| 나만 그렇게 느끼나? |

Is it just me?라는 표현은 나 혼자만 그렇게 느끼는 것인지 궁금할 때 쓰입니다. 어떤 상황에서든 '나만 그렇게 생각하는 건가?', '나만 그렇게 느끼는 건가?'라고 할 때 활용할 수 있는 문장이죠.

❽ I'll make a wish for the new year as I watch the New Year's Eve bell toll on TV.
| TV로 제야의 종소리를 들으며 새해 소원을 빌어야겠다 |

make a wish for the new year는 새해 소원을 빈다는 뜻이죠. 종이 울리는 것

을 표현하는 동사가 toll이죠. watch the New Year's Eve bell toll이 제야의 종소리가 울리는 것을 본다는 의미입니다. 이렇게 종을 치면서 새해를 맞이하는 것을 ring in the New Year라고 하므로, I'll make a wish as the bell rings in the New Year.처럼 말할 수도 있습니다.

Quick Quiz

1 그 말에 어느 정도는 동의한다.

To some ______, I agree.

2 20대가 지났다는 건 분명한 사실이다.

One thing is undeniable: my twenties are ______ me.

3 질질 끌어오는 것 같던 여자친구와의 관계도 정리되었다.

I ended a relationship that had been ______ on.

4 한 해 한 해 가는 속도가 빨라지는 것 같다.

Each year seems to pass faster than the ______.

5 TV로 제야의 종소리를 들으며 새해 소원을 빌어야겠다.

I'll make a wish for the new year as I watch the New Year's Eve bell ______ on TV.

답 **1.** extent **2.** behind **3.** dragging **4.** last **5.** toll

<MEMO>

지은이

백희성

건축가이자 작가. 명지대학교 건축공학과에서 학사 · 석사 학위를 받고, 프랑스 발드센건축학교를 졸업, 말라케건축학교에서 건축사 과정을 마쳤다. 한국건축문화대상 계획부문 금상, 아시아인 최초로 프랑스의 젊은건축가상 폴 메이몽, TIFF 어워드 디자인 특별상 등을 수상했으며, 프랑스를 대표하는 세계적인 건축가 장 누벨의 건축사무소를 비롯해, 프랑스에서 10여 년간 건축가로 활약했다. 현재는 한국과 프랑스에 각각 사무소를 둔 KEAB 건축의 대표로, '기억을 담은 건축'을 모티브로 해서 사람들의 추억과 사랑으로 완성되는 공간을 만들고 있다. 지은 책으로는 《환상적 생각》, 《빛이 이끄는 곳으로》 등이 있다.